LA DÉESSE BRISÉE

—

Anaïs Guiraud

Disclaimer

L'action de ce roman se déroule au VIe millénaire avant notre ère, vers -5300 ans, il y a donc environ 7000 ans, au temps des derniers chasseurs-cueilleurs européens et du début du processus de néolithisation de la France dans le contexte méditerranéen des Pyrénées-Orientales. L'écriture comme le métal sont inconnus de ces populations (en l'état actuel des connaissances scientifiques).

L'aspect historique est fondé sur les connaissances archéologiques et paléoanthropologiques en date (2023). Le reste du récit est le fruit de l'imagination de l'autrice (noms, termes et vocabulaire), il n'a pas vocation à restituer l'exactitude des faits.

Les sites d'habitats évoqués s'inspirent des découvertes archéologiques de la région Pyrénées-Orientales.

Pour plus de détails, retrouvez le mot de l'autrice en fin d'ouvrage ainsi que la bibliographie que vous pouvez compléter, si vous êtes de passage, d'une visite au château-musée de la Préhistoire du village de Belesta (66) que je vous invite à découvrir, ainsi que le formidable travail de Françoise Claustre.

TW

Ce roman aborde des thèmes difficiles, tels que les violences faites aux femmes, le viol, le meurtre, la grossesse, les violences envers les animaux.

À toutes les femmes, à travers les âges et les frontières.

« Toute l'histoire des femmes a été faite par les hommes. »
Simone de Beauvoir.

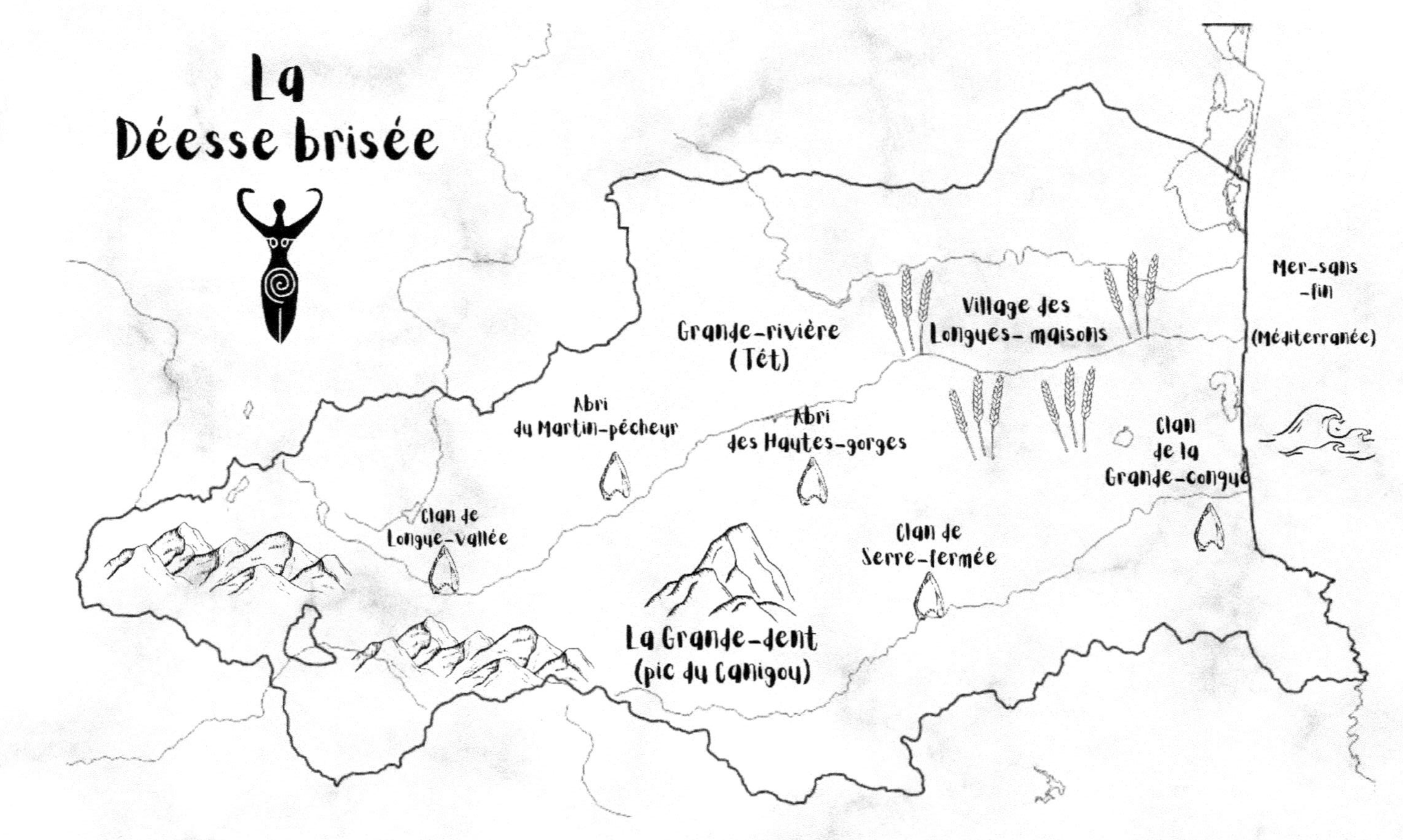

La Déesse brisée
Grande-rivière (Tét)
Village des Longues-maisons
Mer-sans-fin
(Méditerranée)
Abri du Martin-pêcheur
Abri des Hautes-gorges
Clan de la Grande-conque
Clan de Longue-vallée
Clan de Serre-fermée
La Grande-dent (pic du Canigou)

PROLOGUE

La femme arrêta sa course pour s'appuyer contre le tronc d'un énorme chêne-liège. Elle inspira pour tenter de reprendre son souffle, son cœur cognait à tout rompre dans sa cage thoracique comme s'il pouvait en jaillir à tout instant. Le sang battait à ses tempes tel un tambour de peau tendue, lui donnait le vertige, mais elle n'avait pas le choix, elle ne devait pas s'arrêter plus longtemps. Malgré le bourdonnement dans ses oreilles, elle perçut, non loin, des pas rapides qui foulaient la terre sèche, en même temps que les cris des chasseurs lancés à ses trousses. Elle leva les yeux vers le ciel qui se teintait de couleurs roses et orangées, alors qu'une sueur âcre coulait sur son visage. Une légère brise balaya la garrigue, apportant une fraîcheur bienvenue à son front brûlant. Elle porta une paume fébrile à son ventre renflé. Le poids de l'enfant se faisait fortement sentir et ralentissait sa course, pourtant tout son instinct lui hurlait de se dépêcher. De ne pas tarder. Alors, elle mit ses mains en coupe sous son abdomen pour le soutenir et fuit de nouveau. Elle continua, puisa en elle toute l'énergie qu'elle put trouver, même si c'était peu. Cela devrait suffire. Cela devait suffire. Pour vivre. Pour le bébé. La nécessité impérieuse d'atteindre les pierres dressées se fit plus pressante. Si elle parvenait à passer le tumulus, elle serait sauve.

Les buissons d'épineux et de ronces griffèrent ses jambes nues, déchirèrent le bas de sa tunique de cuir, ce qui ne l'empêcha pas de poursuivre, sans en tenir compte. La sueur dégoulinait à présent le long de ses seins lourds, dans le creux de ses reins douloureux. Ses sens troublés ne lui servaient plus à rien, seules importaient cette fuite et cette envie impérieuse de survivre.

Le terrain se mua soudain en une pente douce qui descendait vers le fond du vallon et sa course s'accéléra. Elle aperçut, malgré son regard brouillé, la roche ocre qui s'élevait enfin devant elle. L'espoir envahit son cœur en une bouffée salvatrice, elle redoubla d'efforts. Elle allait réussir.

Une silhouette élancée apparut sur la hauteur sans qu'elle la vît, concentrée qu'elle était sur son seul et unique objectif. Sur son salut. Un sourire carnassier, rehaussé par les longs traits de cendre noire qui ornaient ses joues creusées, se dessina sur le visage acéré de l'Archer. Il se redressa tout à fait et avança à grandes foulées soutenues, évaluant, par la force de l'habitude, la distance idéale entre lui et sa proie. Il s'accroupit, avant de saisir une flèche au fût de bois clair, terminée par une pointe barbelée. Des plumes grises pendaient à l'empenne, ondoyant dans le vent du soir alors qu'il la plaçait habilement sur la corde tendue. Il patienta un instant, éprouva sur sa langue la vitesse de la légère brise qui soufflait, l'angle parfait, avant de bander son arme. L'air vibra autour de lui quand il lâcha la lanière en tendon de cerf.

Avec un sifflement strident, le projectile en os se ficha entre les deux omoplates de la femme, s'enfonça profondément entre chairs et muscles et interrompit sa course désespérée. Le sang éclaboussa la pierre de granit rose, dont la cime luisante se dressait vers le ciel couleur d'incendie. Sans un cri, son corps glissa lentement vers le sol pour atterrir, face contre terre, dans un bosquet de ciste odorant au pied de la tombe de leurs ancêtres. Satisfait, il attendit que les premiers membres de son peuple le rejoignent. Comme à l'accoutumée, l'Observateur fut le premier à l'atteindre, à peine essoufflé par la chasse effrénée menée depuis le village.

Il s'approcha de la femme tandis que l'Archer, lui, se penchait sur son cadavre pour récupérer son bien le plus précieux. Le bois passait encore, mais la pointe était des plus délicates, une arme d'une redoutable précision. Létale.

— Doit-on la ramener au village ? demanda le tireur, tandis que la troupe se rassemblait au fur et à mesure, leurs cris se perdant dans le crépuscule.

L'Observateur demeura silencieux un bref instant, avant de laisser tomber :

— Oui. Avec deux autres, fais porter sa dépouille jusqu'à la longue-maison. L'Esprit saura quoi faire d'elle.

L'Archer approuva de la tête et fit signe à ses compagnons. Tous trois confectionnèrent avec dextérité une civière à l'aide des branches basses qu'un jeune peuplier leur offrait.

L'Observateur, ne dérogeant pas à son habitude, les regarda faire. Dans son cerveau, les courbes du prochain dessin qu'il sculpterait sur la roche qui bornait leur territoire se développaient, s'entremêlaient en une danse agile. Il ressassait la scène, encore et encore, pour s'en imprégner afin d'être certain de pouvoir la retracer le plus fidèlement possible. Un événement pareil était rare, le ciseler dans la pierre millénaire exposerait à tous ceux qui pénétreraient chez eux leur force, leur puissance. Celle de leur village. Les nomades qui voudraient y entrer, surtout, y réfléchiraient à deux fois. Quant à ceux et celles qui désireraient les quitter... Le cadavre que l'on traînait désormais dans la pente serait plus éloquent que les discours de l'Esprit, ou que ses propres gravures.

L'encre de la nuit émergea derrière les montagnes qui barraient l'horizon, au nord-ouest. Il scruta le firmament pur, sans nuages, dans lequel les étoiles commençaient à luire. Il était temps de rentrer. Alors, sans se retourner, il suivit les chasseurs.

Chapitre 1 – Ama

Un cri. Un cri déchira l'obscurité et força Ama à ouvrir les paupières. Elle contempla le ciel de son abri, la roche claire qui luisait à peine sous les flammes vacillantes de la lampe à graisse. Elle se frotta les yeux et patienta, l'oreille aux aguets. Puis, le hurlement retentit à nouveau.

Rejetant les fourrures de la couche, elle s'assit en tailleur, repoussa ses longs cheveux blond cendré, veinés de larges mèches grises, vers l'arrière et secoua la tête. L'enchevêtrement de coquillages et de dents de sangliers qui ornaient deux de ses lourdes tresses tinta avec un bruit caractéristique, pour signaler aux Esprits qu'elle était réveillée, prête à entamer cette journée. D'un geste distrait, elle passa les doigts sur les scarifications géométriques qui paraient ses épaules. Elle se tourna vers l'alcôve ménagée à même la pierre nue pour contempler, comme tous les matins, la silhouette ventrue de la statuette. La lueur des flammes en dessinait les contours fantastiques, qui semblaient envahir tout l'espace. Comme si la déesse était immense, son ombre s'étendait sur les murs et les cloisons de peaux tendues. Ama se leva avec souplesse et se dirigea vers le foyer, cercle de pierres noircies où quelques braises rougeoyaient. Elle se servit d'abord une grande rasade d'eau fraîche qu'elle puisa à même un récipient de terre cuite, ovale et orné de motifs géométriques, avant de raviver le feu et d'y placer deux lourdes roches plates. Elle perçut encore le vagissement dans l'obscurité, et une agitation, là, au dehors des limites de son espace, derrière les tentures de peau. Elle jeta un coup d'œil à ses fourrures vides, cherchant par habitude la forme massive de Bec, et soupira. Elle prendrait son premier repas plus tard, on avait besoin d'elle. Elle se redressa, s'étira longuement jusqu'à faire craquer ses os et, après avoir enfilé une tunique et saisi une besace de cuir souple, elle sortit.

Son clan était encore assoupi. Elle percevait, tandis qu'elle avançait vers l'origine des cris, les respirations lourdes des dormeurs, les ronflements sonores de certains, les premiers mouvements de ceux qui se levaient déjà. Elle adorait profiter de ce moment où la grotte était calme, lorsque les tentures demeuraient fermées, délimitant l'espace intime de chaque famille, de chaque couple.

Parvenue à destination, elle émit un petit sifflement pour annoncer son arrivée. Ce langage, que leur peuple utilisait principalement à la chasse, était aussi bien pratique pour communiquer en toute discrétion, ou signaler sa visite comme elle venait de le faire. D'ailleurs, on ne tarda pas à lui répondre. Le visage angoissé de Tal souleva les draperies de cuir tendues entre les clayettes de bois.

— Ama ! l'accueillit-elle avec soulagement. Tu l'as entendu, n'est-ce pas ?

— Je l'ai entendu, assura-t-elle, et me voici. Puis-je entrer ?

C'était une question inutile, et pourtant nécessaire. Personne, ici, n'aurait osé pénétrer chez quelqu'un sans son consentement, qu'il soit ami de longue date, frère, sœur, mère ou parent. Cette règle, simple, évidente, permettait de conserver l'intimité de tous et de protéger chacun. On demandait toujours à l'autre son approbation. Les décisions se prenaient ainsi, avec l'accord de chaque personne, que ce soit pour la chasse et la cueillette des fruits, des graines ou des plantes. Idem pour le choix de la viande à préparer, des sites de pêche au bord de la rivière ou encore pour les grands déplacements communs, comme le rassemblement de tous les clans environnants.

— Je ne sais pas ce qu'il a, gémit Tal. Rien ne semble le calmer, cela m'inquiète.

Ama sourit. On aurait pu penser qu'après trois enfants, Tal serait habituée aux maux des nouveau-nés. La chamane savait pourtant que les mères demeurent des mères et que, quel que soit leur nombre de grossesses, l'inquiétude les rongeait toujours à la moindre fièvre ; elle la lisait en ce moment même dans les grands yeux bruns de son amie.

— Je vais regarder ce qui ne va pas. Où est-il ? demanda-t-elle à voix basse.

— Ici, près de notre couche.

Elle lui désigna de la main la paroi inégale de l'abri sous roche, dans lequel était aménagée une couche surélevée qui épousait la forme de la grotte à cet endroit, légèrement incurvée vers le plafond. Peu d'espace bénéficiait de ce confort supplémentaire, mais personne ne songeait à en réclamer un usage partagé. Pour autant qu'Ama le sache, cet emplacement avait toujours servi à la famille de Tal, à ses parents avant elle et à ses ancêtres sans doute. Ama se pencha sur la figure irritée d'un poupon joufflu. Ses petits poings serrés, le teint rouge, il paraissait en proie à quelques maux internes.

— Je vais le prendre dans mes bras, cela te convient, Tal ?

La mère soucieuse approuva, et Ama souleva le petit corps nu et le cala contre sa poitrine. Le bébé se renfrogna encore plus, sans toutefois pousser un cri. La chamane lui sourit avec grâce, chatouilla les plis de son cou légèrement gras, mais le nourrisson ne daigna pas se détendre. Ama s'assit à même le sol de l'abri, sur les nattes en jonc disposées près du foyer.

— As-tu mangé ? la questionna Tal.

— Hun hun, marmonna-t-elle en guise de réponse, alors qu'elle retournait l'enfant contre sa cuisse pour ausculter son dos.

Tal secoua la tête. Elle connaissait bien la chamane du clan. C'était, comme pour beaucoup, une amie véritable, dépositaire de la sagesse des ancêtres, experte des plantes qui guérissent et intermédiaire des Esprits. Elle n'avait sûrement rien avalé et s'était précipitée chez elle au premier hurlement de son bébé. Scrutant son invitée avec attention, elle remarqua qu'elle n'avait même pas pris le temps d'orner son cou et ses épaules de son sublime collier. Tal adorait cette parure, unique, transmise de chamane en chamane. Bien entendu, personne n'en avait besoin pour reconnaître Ama.

Tandis qu'elle lui tendait une écuelle sculptée dans une loupe de bois, emplie d'une galette de légumineuse et d'une purée de baies sucrées, Ama l'interpella :

— Ran n'est pas là ?

— Non, il est parti très tôt ce matin, en bas, près de la berge orientale des gorges. Il a remarqué hier que les orages d'été ont dérangé deux pièges à poissons. Il voulait les remettre en place avant de commencer à travailler les silex.

Un fin sourire étira les lèvres d'Ama. Le compagnon de Tal ne pouvait s'empêcher de s'activer. Cette capacité à se mettre sans cesse en mouvement et à devancer les besoins de la communauté pour apporter son aide lui valait d'être souvent choisi pour conjoint, permanent ou non, par les différentes femmes du clan.

Les couples demeuraient libres. Certains, comme Ama et Bec, décidaient de loger ensemble et de tout partager. D'autres, au contraire, préféraient vivre séparés. Les femmes aimaient surtout rester entre elles, entretenant des amitiés fidèles et, surtout, des unions plus durables basées sur l'échange, la réciprocité et l'entraide commune.

En revanche, aucun membre ne demeurait seul, à l'écart de tous, du moins de façon permanente. Ceux qui ressemblaient à Ama avaient parfois besoin de se retirer quelque temps loin du monde, pour des raisons qui leur appartenaient et que personne ne questionnait. La règle tacite était cependant de ne jamais laisser l'un des leurs s'isoler. De la solidarité dépendait une bonne part de leur survie, et du non-jugement d'autrui, leur harmonie.

— Il croisera peut-être Bec, continua Tal. Ce n'est pas aujourd'hui qu'il doit rentrer de l'abri du Martin-pêcheur ?

— Si, c'est aujourd'hui, répondit Ama d'une voix distraite, encore occupée à manipuler le bébé, qui se laissait faire à présent.

Jamais elle n'aurait avoué que, dans le secret de son intimité, elle comptait les jours qui la séparaient de son retour. Pour cela, armée de son couteau, elle incisait un petit bâton d'aulne. Une encoche pour une journée.

— Crois-tu qu'Ala reviendra avec lui ? osa la jeune mère, certaine de s'avancer sur un terrain qui ne la regardait pas.

— Tout dépend de son choix, sourit la chamane. Si elle souhaite demeurer avec eux, je n'y vois pas d'inconvénient. Je n'ai d'ailleurs rien à redire sur ce sujet.

— Au moins, leur abri n'est pas trop loin et ce sont de braves gens, des amis sincères, souligna Tal. Le troc te permettra de voir ta fille plus qu'une fois toutes les deux saisons !

La chamane croqua dans la galette moelleuse, l'abandonnant à ses conjectures. Elle en trempa le morceau restant dans la purée de fruits et se délecta du goût sucré sur sa langue, avant de redresser le nourrisson.

— Toi, mon petit louveteau, je sais ce que tu as !

Elle l'allongea sur les nattes de végétaux, le visage tourné vers elle. Aussitôt, des larmes perlèrent au coin de ses yeux clairs, et il serra de nouveau les poings, prêt à éclater en sanglots.

— Shhhh, tout va bien. Tal, lui indiqua-t-elle, je vais sûrement lui faire un peu mal, mais ne t'alarme pas. Il se portera mieux tout de suite après.

La jeune mère croisa les mains sur son cœur, arborant une expression paniquée. Elle avait toute confiance en la chamane, mais son enfant était encore si petit.

D'un geste expert, Ama massa le ventre du bébé, appuyant là où elle ressentait, sous ses paumes douces et chaudes, des indurations intestinales. Le poupon pleura aussitôt, ses vagissements envahirent l'espace, mais elle continua, sûre d'elle. Un pet sonore retentit dans l'habitation, et Tal la regarda d'un air ahuri. Sitôt libéré, le nourrisson cessa ses gémissements, et seule une larme transparente coula encore sur sa joue tendre. Ama le reprit dans ses bras et le tendit à sa mère.

— Voilà ce qui le dérangeait ! Ces coliques devraient prendre fin à présent que je l'ai soulagé. Surveille s'il mange et défèque bien, surtout. Si cela recommence, préviens-moi tout de suite. Je te donnerai de la mauve pour l'aider.

Reconnaissante, Tal serra son amie contre elle, avec précaution pour ne pas écraser l'enfant qui tétait déjà avidement le sein. La chamane leur adressa un doux sourire et s'en alla. Il fallait qu'elle se prépare pour le retour de Bec.

Haut dans le ciel, le soleil dardait ses rayons sur l'entrée de l'abri sous roche. Ama dut mettre ses mains en visière au-dessus de ses yeux pour les protéger de son éclat lorsqu'elle gagna la terrasse qui s'ouvrait sous le surplomb. L'automne tardait à venir, semblait-il, mais la chamane sentait, dans la vibration de l'air, dans l'odeur plus humide de la nature au matin, qu'il était pourtant là. Bientôt, il deviendrait plus difficile de s'extirper de la grotte et de quitter le foyer pour affronter la pluie et le froid. Ce temps n'était pas encore venu et, pour le moment, ils profitaient de l'abondance.

La Déesse se montrait généreuse pour ses enfants, ils trouvaient des légumes, des grains et des baies à foison sur le plateau, en hauteur. Dans les eaux qui se refroidissaient, en contrebas, les truites pullulaient, de même que les moules d'eau douce. Quelques voyageurs des clans du bord de mer ou des environs passaient leur rendre visite, juste avant la saison sombre, et l'on troquait joyeusement denrées et parures. Ama adorait les recevoir, échanger coquillages colorés contre dents et ramures, mais surtout, écouter leurs histoires dont elle était friande. Elle laissait en revanche les négociations à Bec, il était bien plus doué. Bec...

Elle dévala avec un enthousiasme grandissant le chemin escarpé qui menait à la rive, certaine qu'il l'emprunterait pour regagner leur caverne depuis l'abri du Martin-pêcheur, les sentiers broussailleux des berges de la rivière. Elle espérait que les récentes pluies d'automne n'avaient pas trop gonflé son cours, sinon il devrait se mouiller les jambes par endroits et resterait avec la peau humide. Elle se promit de lui prodiguer un bon massage le soir même, lorsqu'ils retrouveraient le havre de leurs fourrures. Parvenue sur la rive, elle avança sur la plage de galets et de sable ménagée dans un méandre du cours d'eau. Autour d'elle, les falaises millénaires, couvertes d'une végétation épaisse, qui abritaient leur demeure, s'élevaient en un étroit goulot paré de couleurs ocre. Elle inspira l'air plus frais ici qu'en hauteur, décelant l'humidité ambiante sur sa langue. Un bruit la fit se retourner. Elle salua deux des siens qui revenaient des pièges à poissons disposés en amont, les bras chargés de quatre gros brochets.

— Oh ! Les Esprits de la rivière ont été généreux avec vous, à ce que je vois, sourit-elle.

— Nous avons pensé que cela ferait plaisir à Bec pour son retour, lui répondirent les deux jeunes gens. Nous savons qu'il apprécie cette chair.

Ama acquiesça. Entre Bec et le brochet, c'était presque une histoire d'amour. Il le pêchait à la main depuis son enfance, avec une grande habileté, et les parures qu'il choisissait contenaient toujours quelques vertèbres de ce poisson carnassier. Au début de leur union, elle l'avait interrogé sur cette obsession.

— C'est un poisson plus intelligent et plus rapide que les autres, lui avait-il répondu, il est comme nous, les chasseurs. Il attend son heure pour fondre sur sa proie, d'un coup, en accélérant. Sais-tu que certains s'attaquent aux rats ? Je suis fier de me mesurer à une telle créature. Quelquefois, je me sens proche de lui.

La chamane ne put s'empêcher de sourire à l'évocation de ce souvenir. Elle aimait Bec pour cela aussi, le respect qu'il témoignait à tous les êtres vivants, humains, animaux et même plantes. Elle ne l'avait jamais vu achever un cerf pour le plaisir, comme certains, ou poursuivre une laie alors qu'il savait que ses marcassins demeureraient orphelins. Perdue dans ses pensées, elle n'entendit pas les pas lourds sur les cailloux de la rive, juste derrière elle.

— Maman ! hurla une grande fille brune en se suspendant à son cou par-derrière.

Ama ne put retenir un cri et manqua basculer.

— Ala ! la réprimanda Bec. Cesse, tu vas faire tomber ta mère !

Il ne put contenir longtemps le rire qui affleurait sur ses lèvres devant l'expression ahurie de la femme grisonnante.

— Ne te moque pas de moi, lui demanda Ama, qui serra son enfant contre elle.

— Excuse-moi, c'était irrésistible, je t'assure. Un auroch aurait foncé sur toi que tu n'aurais pas eu plus peur !

Il riait encore et elle vit de petites ridules se former au coin de ses yeux clair. Devant ce spectacle si familier, la chamane sut qu'elle ne pouvait lui en vouloir.

— Ce n'est pas très gentil de comparer la fille de ton foyer à un auroch ! renchérit Ala.

— Tu en as pourtant la discrétion ! répliqua Bec, avant de s'avancer vers sa compagne et de l'enlacer tendrement.

L'odeur de l'homme, chaude et musquée, envahit les narines de la chamane, et elle se fondit contre le torse épais de celui qui partageait sa vie. Même après tant d'années, le bonheur de le retrouver ne connaissait pas d'égal.

— Enfin, tu es là, murmura-t-elle, le visage enfoui dans sa tunique.

— Oui, de retour dans mon cher clan des Hautes-gorges. Tout va bien, lui répondit-il, tandis qu'il embrassait le haut de sa volumineuse chevelure.

— Il va falloir m'expliquer ce que cette grande fille fait ici, en revanche. Tu ne t'es donc pas plu finalement, à l'abri du Martin-pêcheur ? Et San ? Va-t-elle venir vivre avec nous ?

— C'est un peu compliqué, Mère... glissa Ala, tête basse. Et je préférerais t'en entretenir chez nous, pour commencer, loin des oreilles curieuses.

Elle coula un regard entendu vers le sentier où les silhouettes de trois femmes apparaissaient. Ama y reconnut Tal, son bébé lové tout contre elle.

— Très bien, remontons. En revanche, tu sais bien que ce soir, un repas commun sera donné, et tu n'échapperas pas au feu des questions légitimes. Personne dans le clan n'a de secret pour personne, lorsque cela concerne la vie de tout l'abri des Hautes-gorges.

La jeune fille soupira, passa son bras sous celui de sa mère, et ensemble, elles gravirent le sentier escarpé qui menait à la terrasse. C'était ce qui pesait le plus à Ala lorsqu'elle demeurait parmi les siens. Tout le monde savait toujours tout. Chez les autres, c'était la même chose, bien que certains aient adopté une hiérarchie ou un fonctionnement différent du leur. Certains abris étaient dirigés par un couple, à parité, ou alors par un conseil des anciens. D'autre, comme les Hautes-gorges, optaient pour une absence totale de dirigeants et une gestion communautaire. Partir quelque temps vivre au milieu de personnes différentes de son clan lui procurait un sentiment de renouveau, mais au bout du compte, cela ne durait jamais bien longtemps. Protéger son intimité était un enjeu de chaque instant, dans une communauté aussi réduite.

Ils regagnèrent tous trois leur abri de peaux tendues, non sans saluer au passage presque tout le monde. De bras effleurés en sourires, ils retrouvèrent leur foyer. Bec se laissa tomber sur la natte épaisse près du feu et soupira d'aise. Enfin, il était chez lui. Il serra Ama contre lui lorsqu'elle le rejoignit, tandis qu'Ala déposait ses sacoches à côté de sa couche située à l'opposé. Sa mère la regarda faire, un sentiment mitigé au creux de son ventre. Elle avait rêvé du retour de son homme chaque jour depuis leur départ et avait imaginé une tout autre soirée que celle qui s'annonçait. Elle s'en voulut tout de suite de cette pensée amère. Revoir sa fille en pleine santé était une bénédiction de la Déesse et des Esprits, elle ne devait pas réagir ainsi.

— Alors, commença-t-elle prudemment, me diras-tu enfin ce qu'il s'est passé avec San ?

Ala leva les yeux au ciel devant l'obstination de sa mère, mais elle devait se faire une raison. Il fallait bien qu'elle lui réponde et justifie son retour. Alors qu'elle s'apprêtait à s'expliquer, la culpabilité griffa son estomac. Après le rassemblement de tous les clans, l'été précédent, elle avait insisté pour partir avec son amante en quête d'un nouveau foyer dans lequel grandir et créer, peut-être, une famille. L'arrivée d'une personne supplémentaire à l'abri du Martin-pêcheur, moins peuplé que le leur, avait été très bien accueillie, même si le jeu des trocs avait joué à plein pour compenser la perte de bras d'un côté et l'ajout de ces derniers de l'autre. Plus de bras, cela signifiait aussi plus de travail fourni et plus d'idées différentes générées, du soutien et un épanouissement pour la communauté. À l'inverse, l'organisation de son propre clan pour la future saison froide n'avait pas tenu compte de sa présence, les tâches étaient déjà réparties, les chasses prévues. Elle craignait de ne pas retrouver sa place, de revenir en étrangère au sein de l'endroit qui l'avait vu naître, dans sa propre cellule familiale. Admettre cet échec lui parut soudain insurmontable.

— Nous n'avions pas la même conception de la vie et de l'amour, San et moi, commença-t-elle, guettant avec fébrilité la réaction de la chamane. Je crois que vivre avec vous me donne une image idéalisée de ce que doit être une alliance entre deux personnes, peut-être...

Ama fronça les sourcils devant le sourire contrit de sa fille. Elle ne souhaitait que son bonheur et n'avait pas eu l'impression de lui enseigner que seul un couple composé de deux êtres était un objectif à atteindre. De nombreuses familles ne suivaient aucunement ce modèle, et tout le monde s'en accommodait. S'était-elle trompée ? Leur influence avait-elle pu empêcher son enfant de vivre comme elle l'entendait ?

— Ce que je veux dire, continua Ala, c'est que je ne supportais pas que San aille vers d'autres personnes. Je ne désirais pas causer du tort à l'abri du Martin-pêcheur en me montrant jalouse, renfermée et, pour finir, j'aurais rendu San aussi malheureuse que moi. Personne n'avait l'air de me comprendre vraiment, j'ai préféré rentrer...

Les larmes perlèrent au bord de ses yeux clairs. La chamane tendit une main réconfortante vers sa fille et caressa du bout de ses doigts son avant-bras constellé de petites cicatrices en étoiles et de spirales scarifiées.

— Il ne sert à rien de te rendre triste pour cela. Tu es revenue en bonne santé, et c'est tout ce qui compte à présent. Je suis certaine que tu trouveras bientôt quelqu'un qui te comprendra, ou que tu finiras par découvrir ton propre mode de fonctionnement. Peut-être même ici, parmi nous, qui sait ?

La jeune femme renifla.

— Que vont donc penser les membres du clan ? souffla-t-elle. Que j'ignore ce que je veux, que je ne m'adapte à rien... que je suis faible...

La chamane l'attira contre elle, cette fois bien décidée à ne pas la laisser sombrer dans de tels raisonnements.

— Depuis quand l'avis des autres nous importe ? affirma-t-elle. Tu es ma fille et celle de Bec, tu feras ta part sans faillir, et tu participeras, comme toujours, à la vie de notre communauté, c'est suffisant. Quiconque y trouvera à redire devra venir m'en parler.

L'assurance dans la voix vibrante de sa mère rasséréna un peu la jeune fille, qui s'écarta et essuya ses joues humides.

— Allons, intervint Bec qui n'avait pas voulu couper l'échange entre les deux femmes, nous allons au moins faire un bon repas, ce soir ! Je t'avoue que j'en avais assez du poisson.

Il adressa un clin d'œil appuyé à Ama, qui grimaça au souvenir des magnifiques brochets sortis de l'eau le matin même. Elle comptait sur son compagnon pour faire preuve de diplomatie...

Chapitre 2 – 10

Un violent coup dans les jambes la réveilla en sursaut. Elle retint un cri et se redressa en vitesse. Celle-qui-commande la toisait, ses yeux bruns fixés sur elle avec méchanceté.

— Assez dormi, lui asséna-t-elle d'une voix sourde. Debout.

Massant ses épaules douloureuses, Io s'extirpa avec peine de sa couche. Malgré la mauvaise qualité de cette dernière, elle la regrettait déjà, avant même de mettre le pied dehors. Elle s'étira du mieux qu'elle le put, toussa bruyamment sans faire cas de ses compagnes, encore avachies de fatigue dans leur propre fourrure. Alors que le vent frais du matin pénétrait par la porte que Celle-qui-commande avait laissé ouverte, elle frissonna. Dans le foyer creusé contre un mur de l'habitation, les braises rougeoyaient à peine. Elle s'empressa de les raviver et de réchauffer un maigre restant de galette, avant de s'asperger le visage et les mains avec l'eau puisée à même un énorme vase de terre cuite. Le liquide froid lui fit l'effet d'une gifle et elle se sentit soudain plus alerte. Mâchonnant sa modeste pitance, elle quitta enfin l'habitation qui lui servait de demeure. Une ligne rose, frangée de fins nuages, barrait l'horizon vers la mer, tandis qu'un air salé, chargé d'embruns, se déposait sur sa langue. Elle traversa le village endormi, longea les quelques grandes huttes de bois et de torchis qui le composait pour atteindre, en son centre, une esplanade dégagée.

Là trônait une grosse pierre de grès sur laquelle elle devait moudre les grains. D'énormes poteries, toutes rehaussées de chevrons et pleines des précieuses céréales, l'attendaient déjà. Tout ce travail à fournir, pénible et répétitif, l'effrayait. Par chance, elle serait bientôt rejointe par ses compagnes qui l'aideraient à accomplir cette tâche colossale.

— Cesse de regarder cette meule comme si elle allait se mettre à bouger toute seule ! cracha Celle-qui-commande, postée juste dans son dos.

Io soupira le plus discrètement possible. Elle ne la laisserait donc jamais en paix ? N'avait-elle pas d'autres choses à faire que de la bousculer en permanence ? Celle-qui-commande devait pourtant s'occuper de ses compagnes d'infortune, elles aussi reléguées aux tâches les plus ingrates. Orphelines, veuves, sans famille ni appui, leur destinée se tissait ainsi, dans une longue litanie de travaux sans fin, jusqu'à leur mort.

Les femmes des agriculteurs, elles, conservaient les travaux plus valorisants, telles la cuisine et l'organisation des fêtes des saisons. Le tissage, tout comme la confection des bijoux et des parures, la décoration des plus jolies des poteries leur revenait de droit. Toutes les autres, les sans-statuts comme Io, s'acquittaient de ce qu'elles ne voulaient pas faire. La jeune femme contempla la silhouette sévère qui se dressait à présent devant elle. Sa chevelure foncée, nattée de perles d'os et de plumes, retombait en cascades sur ses épaules, lui conférant un air farouche, plein de vigueur. Sa longue tunique de peau descendait jusqu'à ses mollets fermes, couvrant son corps musculeux et robuste. Elle portait un tablier de fibres tressées, orné lui aussi de dents de sanglier, et de lourds bracelets de calcaire blanc enserraient ses poignets. Tout en cette femme respirait le pouvoir, l'assurance de ceux qui sont au sommet de la chaîne alimentaire. Et pourtant. Io savait très bien que cela n'était qu'une illusion, car l'emprise de Celle-qui-commande se limitait aux femmes- esclaves uniquement. Celui qui détenait la véritable autorité sur le village, c'était bien entendu son ancien compagnon, le Maître. Sa famille d'origine ayant péri lors d'une inondation, Io ne possédait plus de souvenirs ni de racines auxquelles se rattacher. Seuls les murs sombres de l'habitation, les besognes à accomplir, par une chaleur accablante ou par un froid glacial, occupaient son esprit. Parfois, Celle-qui-commande organisait de petits groupes qui franchissaient l'enceinte du hameau pour se diriger vers la rivière, un campement en bordure de mer, ou plus haut, dans les garrigues, avec les chasseurs.

Leurs tâches consistaient le plus souvent au ramassage, à la pêche ou encore au découpage des carcasses, mais Io appréciait ces moments, devenus rares. Très rares, même, depuis que le Maître avait décidé qu'elle partagerait sa couche de temps à autre. Depuis lors, la fureur jalouse de Celle-qui-commande se déversait sur elle, comme si l'amertume de cette dernière tenait au fait que, vieillissante, elle attirait moins le regard des hommes. Ce n'était pas comme s'il était plaisant d'être forcée à copuler avec le Maître ! Elle en savait quelque chose, elle qui avait remplacé dans cette corvée supplémentaire sa pauvre amie, Na. Penser à la jeune femme lui fit monter les larmes aux yeux, et elle se ravisa en constatant que Celle-qui-commande n'attendait qu'un faux pas pour la frapper de nouveau. Elle se dirigea vers un appentis, érigé à l'abri d'un mur de torchis, et en retira une natte usée jusqu'à la corde. Le grincement d'une porte de bois attira son attention. Dans l'ombre du chambranle, une silhouette émergea de l'habitation contre laquelle la remise était appuyée. L'Observateur s'étira longuement avant de saluer la jeune femme :

— Bonjour, Io. Une belle matinée nous attend, dirait-on !

— Bonjour, murmura-t-elle, les yeux baissés.

Il leva ses yeux gris vers le ciel et la jeune fille l'imita, éprouvant comme à son habitude des sentiments contradictoires à l'égard de cet homme. Elle regagna le centre de l'esplanade, munie de sa natte sur laquelle elle s'installa. Elle saisit une roche ronde, étala les grains noirs sur la meule plate, et entama son travail. Le crissement régulier des semences broyées apaisa un peu son angoisse. Le geste lent, mécanique, tant de fois répété, imprima son rythme à la jeune fille, envahissant toutes ses pensées, la coupant du reste du village qui s'animait au gré de la course du soleil. Le bêlement des brebis que l'on menait sur le plateau, encouragées par les cris de leurs bergers et les aboiements des chiens, le va-et-vient continu des femmes qui portaient de lourds récipients d'eau ou de grain, le bruit lancinant des grattoirs sur les peaux tendues au soleil, tout cela ne parvenait pas à percer la bulle de son monde intérieur.

Dès que la meule se trouvait trop encombrée de farine brunâtre, elle la versait dans un pot évasé à l'aide de sa paume. À la fin de la journée, elle s'aidait d'un petit pinceau en poil d'écureuil, pour ne pas en perdre un grain.

Ce ne fut que lorsqu'elle sentit à nouveau une présence auprès d'elle qu'elle releva la tête. Elle grimaça en découvrant le visage émacié, les yeux de rapace et le maquillage de cendre de l'Archer. Comme elle le haïssait... Lui qui avait mis un terme aux jours de sa douce Na. Elle serra les poings, impuissante.

— Toi, suis-moi, lui asséna-t-il sans même la saluer. Le Maître te demande.

Io allait lui emboîter le pas, mais Celle-qui-commande s'interposa, rouge de colère.

— Elle n'a pas terminé son travail ! criailla-t-elle. Tu ne peux pas l'emmener maintenant !

— Ah oui ? s'amusa l'autre. Tu veux peut-être l'expliquer toi-même au Maître ? Dans ce cas, je t'en prie, accompagne-moi. Il sera sans doute ravi de voir ta face ronde, mangée par la jalousie !

Alors que Celle-qui-commande s'empourprait encore plus sous la moquerie, le chasseur émit un rire rauque, comme l'aboiement d'un chien. Sa langue acérée, sa proximité avec le Maître et sa redoutable aptitude au maniement des armes lui accordaient le statut envié, avec l'Esprit, d'homme le plus craint de tout le village.

— Allez, acheva-t-il en poussant Io sans ménagement devant lui. Je n'ai pas que ça à faire.

Presque à reculons, Io pénétra dans la maison du Maître, prenant garde à ne pas heurter la poutre qui servait de chambranle, plus basse que dans les autres habitations. La cabane était aussi plus petite, signe du pouvoir de son propriétaire : il y vivait avec sa seule famille, à l'inverse des autres villageois, qui partageaient les autres logis ovales. Un poteau de bois massif, décoré de symboles et d'animaux, en marquait l'entrée. L'intimité du foyer, dédiée aux proches du Maître, en faisait un lieu où l'on ne pénétrait que sur invitation, ou pire, sur réquisition, comme Io. Elle s'arrêta sur le seuil, pour laisser ses yeux s'habituer à la pénombre après les heures passées sous la violente luminosité du soleil. L'Archer lui envoya une bourrade dans le dos qui la fit presque trébucher.

Elle se redressa vite, honteuse, pour aviser avec effroi le regard concupiscent du Maître qui glissait sur son corps. Installé sur un tabouret de bois épais à l'assise couverte de fourrures, il semblait superviser le monde entier.

— Merci, déclara-t-il d'une voix traînante à l'endroit de son chasseur. Tu peux te retirer. N'oublie pas de revenir me voir avant que le soleil ne se couche, nous avons à discuter de la prochaine expédition.

L'autre lui adressa un demi-sourire, avant de disparaître dans l'embrasure illuminée. Le Maître se redressa et repoussa une jeune fille qui, à ses pieds, nettoyait une peau à l'aide d'un grattoir. Elle marmonna quelques paroles inaudibles, puis rejoignit, dans un coin plus retiré de la pièce, deux autres femmes plus âgées, absorbées par des tâches diverses. Io reconnut les deux plus anciennes épouses du Maître, qui vivaient toujours avec lui, tout comme Celle-qui-commande. Auprès d'elles, deux bambins jouaient à même le sol de terre battue. Une longue table agrémentée de bancs occupait la majeure partie de l'espace et, sous le lourd plateau, deux grands chiens scrutaient de leurs prunelles d'ambre la dernière arrivée. Quand il fut certain qu'elle n'apportait aucune victuaille, ils laissèrent retomber leurs têtes massives sur leurs pattes entrecroisées. Leurs yeux se fermèrent, mais Io n'était pas dupe. En gardiens vigilants, il ne leur faudrait qu'une demi-seconde pour s'éveiller et se redresser au moindre sifflement du chef.

— Approche, lui fit signe le Maître.

Consciente de ce pour quoi on l'avait fait venir, Io s'exécuta, une vague de dégoût remontant dans sa gorge. L'homme l'attira à lui, humant avec ostentation sa chevelure et le creux de son cou.

— Je saigne, aujourd'hui, Maître, tenta-t-elle, dans un effort désespéré pour éviter cette besogne encore plus rébarbative que de moudre le grain.

— Comme si le flux d'une femme pouvait m'empêcher de faire quoi que ce soit, répondit ce dernier avec mépris.

Il continua à palper son corps de ses mains inquisitrices, dérangeantes. Elle se laissa faire mollement, l'expérience lui ayant appris que moins elle se débattrait, plus cela irait vite. Le Maître n'était pas laid, cependant, il était surtout puissant, sûr de lui, et cela le rendait redoutable. Car sous son masque d'apparente bienveillance envers les membres de sa communauté, la cruauté se dissimulait. Lui dire non était inenvisageable, surtout lorsque, comme Io, on n'était rien au sein du village. Quand il passa les mains sous sa tunique de cuir, fouillant de ses doigts lourds son intimité, son esprit s'envola aussi loin qu'il le pouvait. Elle ferma ses yeux et ses oreilles, ne réagit plus. Elle sentit vaguement qu'il la conduisait vers l'alcôve où se tenait sa couche. Dans sa tête, elle n'était déjà plus là.

Après de longues minutes, enfin, il acheva de s'agiter et s'effondra à côté d'elle dans un râle rauque. Elle roula sur le côté, tremblante et nauséeuse. Alors qu'elle se redressait pour réajuster sa tunique, il caressa sa poitrine encore nue d'un geste désinvolte.

— Tu possèdes de si beaux seins, lui dit-il. J'ai hâte que tu portes un de mes enfants.

À ces mots, le sang d'Io se glaça dans ses veines et elle se rhabilla à toute vitesse. Ce fut sous le rire saccadé du Maître, ravi de sa plaisanterie, qu'elle quitta la maison avec précipitation. À l'extérieur, elle se dissimula dans un angle, derrière de grandes balles de paille, pour reprendre son souffle et surtout échapper à la colère de Celle-qui-commande. Les larmes aux yeux, elle se faufila avec précaution jusqu'à la palissade de bois qui bornait le village. Là, elle savait trouver un large espace entre deux poteaux plantés à la mauvaise distance. Elle s'y glissa, longea la bordure du vaste champ où séchaient les ballots de céréales et courut vers la rivière. Dissimulée derrière un bosquet de roseaux, elle se dévêtit et s'enfonça dans l'onde glacée, dont le fond dévalait en pente douce. Le froid la pénétra comme autant de petites aiguilles sous sa peau, mais elle résista et se lava en entier. Jamais elle ne manquait cette étape après que le Maître avait abusé d'elle. On lui avait appris que cette mesure d'hygiène était salutaire et, dans un recoin de sa tête, elle espérait aussi que ce rituel l'empêcherait de tomber enceinte. Quand elle en eut terminé, elle demeura un instant assise sur les galets chauffés par le soleil, les genoux serrés entre ses bras. Elle invoqua la Mère avec ferveur pour qu'elle ne lui accorde aucun enfant. C'était ce qui avait conduit Na à sa perte. Non seulement la haine de Celle-qui-commande n'avait plus connu de bornes à ce moment-là, mais surtout, cette graine poussant en elle l'avait incitée à croire que son statut pouvait changer. Qu'elle deviendrait l'une des épouses du Maître, qu'elle ne manquerait plus de rien. Lorsqu'elle avait découvert la duperie dont elle avait été la victime, elle avait tenté de s'enfuir, dans l'espoir d'une vie meilleure, loin d'ici. Le Maître ne lui avait pas pardonné.

Son corps disloqué, jeté comme une chose inutile, gisait dans l'une des fosses disposées dans un ancien silo à grain, non loin du village. L'Esprit avait ordonné qu'on lui tranche d'abord la tête avant de l'enfouir, et le souvenir de ses yeux laiteux dans leurs orbites creuses hantait la jeune femme toutes les nuits.

Les ombres commençaient à s'allonger sur le rivage quand ses larmes séchèrent enfin sur ses joues. Au loin, la ligne noire des montagnes se détachait sur l'horizon, et il en descendait un vent frais. Elle frissonna. Il était temps de rentrer.

Chapitre 3 – Ama

— Ces brochets sont vraiment délicieux, déclara Bec avec aplomb. Merci, Cro, je ne pouvais rêver meilleur plat pour mon retour !

Ama contint un petit sourire devant le mensonge de son compagnon. La joie qui se lisait sur le visage de leur ami la fit se retenir de se moquer de lui. Après tout, il y avait mis tout son cœur et s'en voyait récompensé.

— Comme je te le dis, assura Ran, assis à côté d'elle. Un troupeau, dans la garrigue, juste après les gros oliviers.

La chamane dressa l'oreille, soudain intéressée par la conversation des deux autres hommes.

— Un troupeau de quoi ? demanda-t-elle en se tournant vers eux.

— Des chèvres, et ces animaux bizarres que Ceux-des-longues-maisons possèdent et nomment brebis[1], commenta Aro, l'un des deux jeunes pêcheurs.

— Comment sais-tu qu'elles leur appartiennent ? Elles sont peut-être sauvages.

— C'est eux qui le disent, en tout cas, compléta Ran qui haussa les épaules. D'habitude, nous échangeons deux mots ou alors quelques pointes de silex, mais cette fois, ils avaient l'air agressifs... Ils nous ont crié de ne pas les chasser et de déguerpir ! Je ne sais pas pourquoi ils se sont conduits de la sorte, nous ne leur avons rien fait... En tout cas, ça me met mal à l'aise de les voir diriger ces bêtes comme s'ils en étaient les propriétaires, plutôt que de les laisser aller dans la nature. On n'aurait pas idée de guider des biches ou des cerfs à la pâture avec des badines.

—Je te comprends, assura Aro. Moi, c'est eux qui me mettent mal à l'aise tout court !

---

[1] Le mouton domestique n'a pas d'ancêtre européen connu, il s'agit d'une importation.

— Pourquoi donc ? demanda la chamane. Ce sont des femmes et des hommes, tout comme nous.

— Tu sais bien que non. Ils construisent leurs maisons en coupant beaucoup trop de bois, ils usent des carrières entières de silex. Au lieu de se contenter de prendre ce dont ils ont besoin pour la saison sombre, ils amassent toujours plus. Je ne les aime pas, acheva Ran.

— Allons, tu leur prêtes trop d'intentions, Ran, le tança gentiment Ama. Leur mode de vie est différent, voilà tout. Ils savent aussi produire de beaux objets, et comme tu l'as dit toi-même, le troc est souvent intéressant avec eux. Et puis, ils ne sont pas méchants.

— Ça, j'en suis moins certain que toi, grommela le tailleur de silex. Que viennent-ils faire ici, sur la lande, avec leurs animaux ? Ils n'ont pas suffisamment d'espace, en bas, dans la plaine ? Tu as vu les prairies qu'ils brûlent puis ensemencent ? Chaque belle saison, elles sont plus imposantes. Ils grignotent aussi peu à peu les rives et bientôt, ils s'étendront jusqu'à la mer ! Que fera alors le clan de la Grande-conque, s'ils n'ont plus assez de place pour vivre ?

Ama fronça les sourcils.

— Ils n'iront tout de même pas jusqu'à envahir les étangs ! Le plateau tout comme le littoral ne leur appartiennent pas, pas plus qu'à nous. La terre n'est à personne. Que nous laissions leurs animaux se nourrir en paix est une chose, cependant ils ne peuvent nous empêcher de passer, de chasser ou de cueillir. C'est étrange, comme manière de penser.

— Tu es trop naïve, Chamane, intervint Ybn d'un ton abrupt.

Le regard voilé d'un film laiteux, le vieillard semblait voir au-delà des mots, au-delà des gens eux-mêmes.

— Pourquoi me dire cela, Ybn ? questionna Ama avec prudence.

D'expérience, elle savait que le vieil homme à la langue aiguisée n'épargnait personne. Bien que la hiérarchie du clan soit fluctuante, ceux qui atteignaient un âge vénérable étaient toujours écoutés et respectés. Leur longue vie conférait à leur parole une valeur inestimable, leurs expériences étaient source de leçons pour chacun.

— Ne vois-tu donc pas ce qu'ils préparent ? Leur perfidie me saute aux yeux et pourtant je suis à moitié aveugle ! Ils se répandent comme la moisissure sur un fruit trop mûr, croissent, se multiplient. La nature, les dons de notre Déesse et de nos Esprits ne sont pour eux que des choses à dompter, à prendre, sans rien donner en retour. Ils vivent dans des enclos, pareils à leurs animaux et à leurs plantes. Tout cela ne peut mener qu'à notre perte. Je te le dis, avant la fin de la saison sombre, nous verrons des affrontements naître entre eux et nous. Ce sera une question de survie.

Un silence épais accueillit la tirade de l'ancien, ses paroles résonnant sous l'abri rocheux en un écho funeste, dans les oreilles de la trentaine de personnes que comptait l'abri. Personne ici n'aimait recourir à la violence, sauf si celle-ci s'avérait d'une extrême nécessité. Devaient-ils considérer ces étrangers comme des prédateurs, et agir les premiers ? Ama le sentit, elle se devait de répondre. Le clan ne pouvait vivre dans la peur alors que rien ne le justifiait à ses yeux.

— Tes propos sont emplis de bon sens, Ybn, mais pardonne-moi si je pense au contraire que leur mode de vie ne peut perdurer. Ils ne pourront indéfiniment tirer ce qu'ils veulent de la terre, la Déesse ne le leur permettra pas. La liberté de ses enfants primera toujours. Demeurons prudents dans nos échanges, ne nous laissons pas envahir par des sentiments belliqueux. Qu'ils respectent notre espace, et nous ferons de même ! La Déesse est généreuse, il y a de quoi vivre pour tous et pour chacun. D'ailleurs, donne-moi ton bol, que je te serve de cette excellente bouillie de glands et de champignons !

Des soupirs discrets, telle une vague de soulagement, parcoururent la petite assemblée. La chamane adressa de larges sourires réconfortants autour d'elle, alors que Bec enlaçait ses hanches. Il souffla dans le creux de son cou, et un frisson délicieux envahit tout son corps. Elle connaissait ce signal par cœur. Dans un coin plus éloigné des flammes du foyer central, elle avisa Ala en grande conversation avec le plus âgé des fils de Ran, Ian. Depuis son enfance, c'était son confident et son meilleur ami, ici. Lors du rassemblement, ils s'étaient séparés au gré des nouvelles amitiés qui se formaient toujours pendant cette période, pourtant elle avait craint que leur lien se distende, puis se rompe. Il semblait qu'il n'en était rien et, rassurée, elle se leva, s'étira avec grâce, avant de gagner son propre foyer, dont elle rabattit avec précaution les parois de peau.

Bec ne fut pas long à lui emboîter le pas pour la rattraper. Enfin seuls dans le secret de leur intimité, leurs mains se joignirent en une étreinte tendre, tandis que leurs regards s'arrimaient l'un à l'autre.

— J'ai tant attendu ce moment, Bec, lui susurra-t-elle.

L'émoi faisait trembler sa voix comme celle d'une jeune fille, et l'homme en face d'elle, troublé, ne put résister à la serrer encore une fois tout contre lui.

— Moi aussi, assura-t-il.

Caressant ses épaules, sa main dessina les arabesques des scarifications qu'elle arborait, avant de glisser le long de son corps souple, jusqu'à ses hanches larges. Ses lèvres effleurèrent la chair tendre de son cou, puis remontèrent vers sa bouche, dont il s'empara avec avidité. Ama répondit à ce baiser avec ardeur et mêla sa langue à celle de son compagnon, leurs souffles ne formant plus qu'un. Alors qu'elle s'écartait un instant de lui, elle en profita pour passer sa tunique par-dessus sa tête. La douce lueur dorée des flammes enrobait son corps, soulignait ses seins épanouis, son ventre rebondi, ses hanches aux courbes imposantes. Comme à chaque fois, Bec ne pouvait s'empêcher de se repaître de ce spectacle si beau, de l'émotion qui l'étreignait lorsqu'il la contemplait dans toute la splendeur de sa nudité, souveraine. D'un geste impérieux, elle le repoussa contre les fourrures de leur couche et s'allongea sur lui. Les doigts de Bec parcoururent sa peau exposée, et Ama, frissonnante, saisit à nouveau sa bouche de la sienne. La bosse dure qui saillait sous le cuir des chausses de son compagnon ne lui laissait pas le moindre doute : Bec la voulait, et elle le voulait, elle aussi. Ils se retrouvèrent bientôt soudés l'un à l'autre, tremblant de la joie de sentir enfin leurs corps unis. Elle imprima le rythme qu'elle désirait, d'abord langoureux, puis plus rapide, à mesure que le plaisir irradiait au creux de son ventre, vibrait en elle comme en lui. L'extase la fit gémir, elle abattit sa tête contre les fourrures pour faire le moins de bruit possible. Il la serra fort contre son torse couvert de sueur, couvrit son cou et ses épaules de baisers, jusqu'à ce que leurs deux corps trouvent l'apaisement. Elle s'extirpa avec un long soupir des toisons chaudes pour se soulager et se nettoyer, avant de retrouver les bras de Bec. Elle se blottit contre lui, yeux clos, et glissa dans un sommeil profond.

Une alternance de lignes, c'était tout ce qu'elle pouvait percevoir pour l'instant. Des courbes, des droites, certaines acérées, d'autres floues. Les rayures défilaient dans un ballet étrange, qui, parfois, lui donnait la nausée. Par vagues successives, elles arrivaient, se retiraient, avant enfin de laisser place à une lumière aveuglante, froide, dans laquelle, petit à petit, un paysage se dessina. Le temps d'assimiler cette nouvelle vision, ce panorama changea encore. La plaine alluviale de la Grande-rivière et les terres fertiles s'ouvrirent grand devant elle. Depuis son promontoire de roches aiguisées, Ama pouvait distinguer sans peine les abris de Ceux-des-longues-maisons, leurs champs couverts d'épis dorés au soleil, les enclos dans lesquels étaient parqués de nombreux animaux. Elle secoua son plumage aux reflets mordorés et profita de sa vue exceptionnelle pour examiner ces êtres avec plus d'intensité. Ils leur ressemblaient, en tout point ou presque, légèrement plus petits, la peau plus sombre. Ses congénères s'inquiétaient pour rien, décida-t-elle. D'ici, ils paraissaient minuscules, inoffensifs. Soumis tout comme eux à la force des éléments, elle ne donnait pas cher de leurs toits de paille et de leurs enclos de bois. Ils seraient balayés dès la première crue de la Grande-rivière, à l'automne. Ou au printemps suivant, quand l'eau dévalerait des montagnes enneigées et la Grande-dent dont la cime blanchie mordait la chair bleue du ciel.

Elle tourna sa belle tête au bec acéré, lissant ses plumes et, par ce simple mouvement, le paysage changea encore.

La vision se fit plus étroite, et ce qu'elle contempla alors l'horrifia. Des hectares de forêts défrichés, des troncs coupés à ras, apparurent devant elle. Les racines nues des arbres renversés saillaient de la terre meurtrie. Dans la plaine à présent, des champs immenses, agités de vagues d'épis blonds, s'étalaient jusqu'à l'horizon, tandis que les curieuses bêtes à la toison de laine épaisse paissaient à perte de vue. Plus loin, des allées empierrées s'érigeaient sur le plateau, quand des rochers dressés s'élevaient vers les cieux, agressifs, vengeurs. Saisie d'une terreur qu'elle ne savait pas nommer, elle chassa cette image, se força à contempler à nouveau le hameau. Alors que les battements affolés de son cœur se calmaient, un visage s'imposa à elle, sans qu'elle puisse cette fois le repousser. Elle n'était plus le faucon agile sur sa falaise de calcaire, observant de haut, et fut aspirée au cœur même des maisons, à genoux dans la poussière crayeuse du sol. Dans les ombres jetées par les lampes, une sensation affreuse s'empara de sa gorge, une pression si forte qu'elle l'empêchait de respirer. Suffocant, elle plongea ses yeux clairs dans ceux, noirs, de l'homme barbu qui lui faisait face. Il éclata d'un rire dément, et Ama crut qu'elle allait mourir.

Elle se redressa violemment sur sa couche, les mains enserrées autour de son cou. La respiration sifflante, la chamane mit longtemps à comprendre qu'elle n'était pas là-bas, dans le village, mais bien dans son abri de roche. Elle tendit le bras pour toucher le large dos de Bec, qui ronflait doucement, tourné vers la paroi. Ce simple contact la rassura. Elle frotta son visage froissé pour éclaircir la nuée de pensées qui voilait son esprit. Un rêve, ce n'était qu'un rêve. Dans le creux de son ventre, une douleur sourde s'éveilla. La chamane grimaça ; son corps, lui, comprenait ce qu'elle se refusait à accepter. Si c'était un rêve, alors il était prémonitoire.

Chapitre 4 – 10

Io étira sa nuque douloureuse, penchant sa tête d'un côté et de l'autre. Elle contempla le soleil qui déclinait au loin vers la mer, dans le firmament paré de nuances roses et violettes. La fin de l'après-midi approchait et, fourbue, elle l'accueillit avec joie. Elle lança un regard aux femmes amassées sur la rive de la Grande-rivière. Elles avaient passé la journée dans l'estuaire, à récolter de grosses moules d'eau douce et des galets polis par le ruissellement du temps et des flots tumultueux. Non loin de son embouchure, heureusement, elle était paisible et peu profonde, ce qui leur permettait d'œuvrer en toute sécurité. Les roches serviraient à l'édification de nouveaux foyers dans deux maisons en construction. Le village ne cessait de s'agrandir, ces derniers temps, et le Maître avait ordonné des travaux pour que personne ne se retrouve à l'étroit. Les hommes déplaçaient les palissades, rongeant de plus en plus la terre de la plaine alluviale, fertile et grasse, idéale pour les cultures.

Alors qu'elle saisissait l'outre en peau qui pendait à sa ceinture pour se désaltérer, un mouvement furtif attira son attention. Elle n'interrompit pas son geste, mais, lentement, tourna son regard vers la longue roselière qui lui faisait face, de l'autre côté de l'eau courante. À nouveau, les plantes bruissèrent. Elle recula avec discrétion, rejoignit la plus proche de ses compagnes, la vieille An.

— Il y quelque chose là-bas, An, lui murmura-t-elle.

— Je le sais, lui répondit aussitôt la vieille femme sur un ton égal. Je les ai vus depuis un bon moment déjà.

— Qu'est-ce que c'est ? Des sangliers ?

Ces bêtes au poil sombre et aux défenses acérées pullulaient dans la région. Io savait qu'elles pouvaient se montrer redoutables, surtout les laies, capables d'éventrer un homme sans mal pour protéger leurs petits.

— Non, ce sont des gens.

La jeune femme jeta un regard d'incompréhension à son aïeule. Des gens ? Pourquoi donc les leurs se dissimuleraient-ils ainsi ?

— Quels gens ? Il n'y a que nous qui sommes venues du hameau pour la collecte.

— C'est parce que ce ne sont pas des villageoises comme nous, grande sotte. Ce sont des autres. Ceux-là vivent près de la mer. Ce sont des sauvages, des nomades.

Io retint son souffle et tourna de nouveau les yeux vers l'origine des bruits. Des autres... Elle avait souvent entendu parler des tribus nomades qui résidaient aux alentours, dans les gorges ou les montagnes, mais ne les avait jamais rencontrées. Il faut dire qu'entre toutes ses corvées et le Maître à satisfaire, elle sortait peu de l'enceinte des bois. Tout au plus, elle savait que l'Observateur faisait parfois du troc avec eux, que les bergers en croisaient sur le plateau, loin au-dessus de leurs maisons. Sans jamais les avoir vus, elle imaginait des hordes d'hommes et de femmes hirsutes, sales, vivant dans des grottes obscures ou des cabanes de peaux enfumées. Mourant de faim lors de la saison sombre, car ignorant comment tirer le meilleur profit des fruits de la terre.

Le rideau des plantes s'écarta quelque peu pour dévoiler le visage inquiet d'une très jeune femme. Ses longs cheveux châtains retombaient en tresses sur ses épaules, recouvertes d'une tunique de cuir clair, souple, décorée avec soin de petits coquillages. Elle plongea son regard dans celui d'Io, qui hoqueta de surprise.

La jeune fille se redressa sans mot dire et, derrière elle, quatre autres femmes apparurent. Elles approchèrent sans crainte vers Io et ses compagnes, et elle retint son souffle. Celle qui semblait la plus âgée, le visage sillonné de rides encore plus profondes que celles d'An, s'avança, paumes vers l'avant en signe d'apaisement. Malgré ce geste pacifique, Io ne put s'empêcher de remarquer les coutelas de silex et les hachettes de pierre pendus à leurs ceintures décorées. Que feraient-elles si ces sauvageonnes décidaient de les attaquer ? Comme toutes les femmes du village, elles ne portaient aucune arme... Io scruta avec attention leurs corps déliés et musclés et comprit en un instant qu'aucune de ses camarades ne ferait le poids contre l'une d'entre elles. Même contre la plus âgée.

Impuissante, elle se tourna vers son aïeule, qui avança à son tour, toisant les nouvelles d'un regard empli de défi.

En face, l'autre inclina la tête, faisant tinter les coquillages et les perles d'os qui ornaient sa coiffure.

— Salutations, prononça-t-elle d'une voix profonde qui donna des frissons à Io. Nous venons aussi cueillir les fruits de la rivière. Avez-vous terminé ?

Nouveau choc pour la jeune femme : ces sauvages parlaient leur langue, ou en tout cas une variante compréhensible pour elle. Comment cela était-il possible ? Elle était certaine de ne jamais avoir vu aucun nomade au village. Les deux peuples se côtoyaient-ils plus fréquemment que ce qu'elle croyait ? Ou que ce que l'on voulait bien leur laisser croire...

— Nous n'avons pas tout à fait fini, déclara An de mauvaise grâce et sans s'embarrasser d'un salut poli. Mais il y a assez de moules et de galets pour tout le monde.

D'un large mouvement du bras, elle montra la vaste étendue de l'embouchure de la Grande-rivière.

— Pourquoi venir ici ? questionna-t-elle ensuite. Il y a sans doute de quoi faire en amont, plus haut. Ou en aval, vers vos... (An hésita sur le terme, dans quoi vivaient donc ces gens ?) cabanes, maisons ?

Elle mima un toit avec ses mains, accompagnées d'un geste rond représentant le foyer, quelque chose que n'importe quel être humain pouvait comprendre.

La femme en face lui adressa un demi-sourire, dévoilant ses canines taillées en pointes, ce qui fit reculer Io. On aurait dit la bouche avide de quelque prédateur des montagnes.

— Plus assez, répondit une fille beaucoup plus jeune, à l'air farouche et déterminé, qui semblait moins bien maîtriser leur langage.

Elle montra les paniers des deux femmes, remplis de moules, puis les leurs, à moitié vides.

— Prenez trop ! asséna-t-elle, un doigt accusateur pointé vers elles.

An allait répliquer, mais son homologue leva une main devant le visage de sa fougueuse compagne.

— Pardonnez ma petite-fille, elle est impulsive. Je me nomme Yuna, du clan de la Grande-conque au bord de la mer infinie. Nous ne nous battrons pas pour des coquillages, déclara-t-elle. Partez, laissez-nous faire notre propre récolte, à présent.

Avec rancœur, An acquiesça, se baissa encore pour lancer dans sa corbeille deux gros galets ronds, histoire de démontrer qu'elle n'obéissait pas avec plaisir, avant de déclarer un peu plus fort pour faire comprendre qu'elles n'étaient pas seules :

— Il est temps pour nous de rejoindre les autres, Io. Faites attention, cependant, car je parlerai au Maître de vos menaces, et s'il lui vient l'envie de vous apprendre une leçon... La prochaine fois, des hommes nous accompagneront sans doute, vous pourriez le regretter.

Elle leva le menton d'un air bravache vers la vieille inconnue face à elle, mais celle-ci ne broncha pas et se contenta de laisser tomber :

— J'ai pitié de vous. Nous n'avons besoin d'aucun homme pour nous défendre ou nous dire quoi faire.

Elle fit signe à ses compagnes de commencer leur ramassage tandis qu'An et Io s'éloignaient vers l'autre berge du cours d'eau pour rejoindre leur groupe.

Parvenue sur la rive caillouteuse, la jeune femme se retourna furtivement pour jeter un œil aux étranges silhouettes qui s'affairaient désormais dans l'onde cristalline.

Pas besoin d'homme ? Qu'avait-elle donc voulu dire ?

Une pluie drue tombait depuis trois jours sur la région, rendant

chemins et champs impraticables. Dans leurs enclos, les brebis, regroupées sous l'auvent qui les protégeait des intempéries, bêlaient doucement. De l'autre côté des palissades, les cultures arasées ne servaient plus qu'aux corneilles et aux merles qui fouillaient la boue en quête de vermine.

Par la porte de leur Longue-maison, Io contemplait le ciel désespérément gris de nuages emplis d'eau. Elle repositionna la large planche de bois qu'elles avaient dû ériger à l'entrée pour éviter l'inondation de leur foyer. Après avoir vérifié qu'elle était encore bien plantée dans le sol, elle regagna sa place, devant les pierres rondes qui chauffaient près des flammes. Remuant les braises pour raviver le feu, elle soupira. L'automne était bien là, cette fois. Io aimait toutes les saisons, mais sans qu'elle sache pourquoi, celle-ci l'alanguissait. Avec ses compagnes, elle se retrouvait cantonnée à l'intérieur, et leurs tâches se résumaient à transvaser les grains, la farine, les pois et les tubercules dans de plus grands pots ou à fabriquer des bouchons avec d'épais morceaux de liège recueillis sur les chênes du plateau. Elles tressaient aussi cordes et paniers pour les prochaines récoltes, qui n'arriveraient pas avant deux saisons pleines.

En ces jours où l'activité extérieure se réduisait, elles se voyaient aussi octroyer le droit de confectionner des bols et des cruches. Oh, rien de trop artistique ni de trop difficile pour elle, mais Io adorait plonger ses mains dans la glaise humide pour façonner de larges boudins d'argile, qui, les uns après les autres, prenaient forme sous ses doigts. Ce travail l'apaisait, lui conférait une réelle utilité, d'autant qu'elle se considérait comme plutôt douée.

Les nuages noirs qui déversaient leur contenu sans discontinuer sur la plaine lui donnaient une seconde occasion de se réjouir. Avec ce temps affreux, Celle-qui-commande restait loin d'elle et le Maître n'exigeait pas sa présence, se contentant des femmes de sa propre maison. Deux poids de moins sur ses épaules, ce qui lui offrait des instants de répit bienvenus. Io décida que, rien que pour cela, et malgré la nostalgie qui s'emparait invariablement d'elle, elle aimait bien la pluie.

Elle entreprenait de confectionner quelques galettes d'orge grillée pour les faire dorer sur les larges pierres de cuisson lorsqu'une clameur lui parvint du dehors. Aussitôt, ses compagnes abandonnèrent leurs ouvrages pour se précipiter vers la porte. Io ne bougea pas. Elle savait qu'avec le rideau de l'onde qui crépitait sur le sol, on ne verrait rien du tout. L'ennui des longues journées passées à l'intérieur ne justifiait pas de s'alarmer pour si peu, décida-t-elle. La rumeur se rapprocha, et elle distingua cette fois des gémissements. Mue par une angoisse sourde, elle se dressa et rejoignit enfin ses compagnes. Tout le village, hommes, femmes et enfants, les familles amassées en petits groupes compacts, se tenait rassemblé à l'extérieur pour assister à un spectacle qui lui fit porter une main à son cœur. Leurs yeux inquisiteurs se portaient sur une scène qu'Io contemplait pour la première fois.

L'Archer et deux autres guerriers, encadrés par les chiens qui aboyaient, poussaient devant eux trois femmes aux visages tuméfiés. Io remarqua tout de suite la vieille sauvage qu'elle avait croisée au bord de la Grande-rivière, quelque temps plus tôt, accompagnée de la jeune fille à l'air farouche. Elle ouvrit de grands yeux lorsqu'elle constata la longue traînée de sang qui coulait de sa tempe à la commissure de ses lèvres, délavée par les gouttes drues. Que faisait-elle donc là ? Et pourquoi était-elle blessée ?

Un peu plus loin, elle avisa l'Observateur, appuyé contre l'un des murs pour se protéger de la pluie.

— Curieux gibier que vous nous ramenez là ! interpella-t-il les chasseurs. C'est bien la première fois que tu captures des femmes. Je ne sais ce que le Maître va en penser.

— Il n'en pensera que du bien ! lui hurla l'autre. Elles ont mérité leur sort à défier nos esclaves. Autant qu'elles en deviennent elles aussi, ça leur apprendra qui seront bientôt les maîtres de ces terres.

— Tu ruines nos chances de troc, gronda l'Observateur. Ce n'est pas très habile de ta part. Je reste persuadé qu'on gagne plus par l'habileté que par la force.

— Peuh ! Que peut-on réellement obtenir de ces animaux, dis-moi ? Ils ne sont pas comme nous, ils nous sont inférieurs en tous points ! En dehors de leurs femelles, ils n'ont rien à offrir...

Distrait par leur joute verbale, l'Archer détourna la tête un instant de son gibier.

Ce fut une erreur.

Un cri bestial les fit tous sursauter. Le chasseur chuta dans une flaque de boue, tandis que la jeune fille, élancée et musculeuse, se jetait sur lui avec la rage d'un loup. Les liens lâches de la corde de lin tressé, qui enserraient ses poignets, amollis par la pluie diluvienne, se rompirent et elle se rua sur l'homme, comme si elle avait attendu cela toute sa vie. Accroupie sur son estomac, elle le bourra de coups de poing vifs, et le sang jaillit de la bouche de celui qu'Io avait toujours considéré comme la force incarnée. Invincible et dangereux, tel était l'Archer. Le voir dans cette position de faiblesse lui procura un sentiment étrange, mélange de peur et de satisfaction. Un peu d'espoir, aussi. Une vision fugace s'imprima dans son esprit : l'Archer mort, un nouveau rapport de force pourrait s'instaurer au village. Privé de son meilleur défenseur, le Maître n'aurait pas le choix, il devrait assouplir son joug. Cet avenir à peine esquissé s'évanouit sous le rideau de pluie.

Quand la sauvageonne se redressa et joignit ses deux paumes en une masse pour l'abattre sur le crâne de l'homme, un râle rauque s'échappa de sa jeune gorge. Hébétée, le visage couvert de liquide rougeâtre et de larmes, elle porta une main à ses côtes.

La lame du coutelas de l'Archer s'enfonça profondément dans la chair de son ventre. Ce dernier, un rictus affreux sur sa face gonflée par les ecchymoses, tourna vicieusement l'arme dans ses entrailles. Il la retira d'un coup sec et récidiva. La femme s'effondra sur le côté, sans un bruit. Il repoussa son cadavre comme s'il s'agissait d'un ballot de grains ou d'une carcasse d'animal et se redressa pour reprendre son souffle.

Au même instant, la pluie se calma et les nuages s'ouvrirent juste au-dessus du village, éclairant la scène d'une lumière glauque. L'Archer se releva, flanqua un coup de pied au corps inerte devant lui, avant de reporter son regard cruel sur les deux femmes restantes. Interdite, Io le contempla alors qu'il s'approchait de la plus âgée. Elle n'arborait aucune expression, aucune larme ne coulait sur sa face ravinée. Pourtant, le tremblement de ses mains ne laissait pas de place au doute : elle était morte de peur et peut-être, de chagrin. Sa dignité frappa la jeune femme, qui ne pouvait se détacher de la scène. Autour d'elles, ses compagnes haussèrent les épaules, avant de se détourner de la scène pour regagner l'intérieur. La distraction était terminée, et elles savaient que les autres allaient les rejoindre bientôt.

— Voilà ce qui vous attend toutes les deux, cracha-t-il en s'essuyant le visage, si vous osez vous opposer à nous. Avancez, maintenant, et restez bien tranquilles.

Il flanqua une bourrade à la vieille, et les chasseurs derrière lui les entraînèrent sous leurs rires gras. Ils se dirigèrent vers la Longue-maison. Vers Io. Elle laissa passer l'étrange cortège, sans un mot. D'autorité, l'Archer se posta à l'extérieur, afin de démontrer qu'il ne s'abaissait pas à pénétrer dans un logis de femmes.

Les deux autres hommes menèrent les prisonnières sur des couches à l'écart et les y jetèrent sans ménagement et sans même les défaire des cordes qui les retenaient.

— Vous resterez là jusqu'à ce qu'on décide quoi faire de vous, grogna l'Archer depuis la porte. An !

La vieille femme se matérialisa à bonne distance du guerrier, tête baissée.

— Tu t'occuperas d'elles. Fais-leur bien comprendre comment cela fonctionne ici. Bien que l'exemple que je viens de donner soit assez clair.

Il éclata d'un rire sarcastique, bientôt suivi par ceux de ses sbires.

— Dommage, tout de même, rétorqua l'un d'entre eux. Cette femelle aurait sans doute bien plu au Maître. Jeune et fougueuse, comme il les aime !

Les rires redoublèrent alors que la nausée remontait la gorge d'Io. Elle n'imaginait que trop bien le sort qu'il aurait réservé à l'impétueuse femme, la façon dont il aurait brisé sa volonté, petit à petit. Nuit après nuit. Un long frisson d'écœurement la secoua et l'Archer s'en aperçut.

— Eh bien ? Tu n'as plus à avoir peur, Io ! Elle ne risque pas de prendre ta place de favorite, tu devrais être soulagée ! De plus, susurra-t-il d'un air vicieux, elles ne troubleront plus vos petites escapades sur la Grande-rivière, dorénavant ! C'est bien ce que vous vouliez, non ?

Il plissa les yeux, ce qui rappela à Io les serpents venimeux dissimulés dans les hautes herbes de la rive. C'était donc cela ! An s'était-elle plainte de ces femmes ? Elle jeta un regard désemparé à l'aïeule, qui conservait la tête baissée vers le sol, contemplant ses pieds. Elle voyait juste. An était responsable du malheur de ces trois étrangères. Et désormais, elles le savaient. Dépitée, la jeune fille tourna la tête vers l'extérieur. Du coin de l'œil, elle surprit le visage de l'Observateur qui refluait vers les ombres de sa maison. Quelque chose comme de la déception habillait ses traits, au contraire de l'expression distante qu'il arborait en tout temps.

Après le départ des hommes, chacune retourna à son labeur, sauf Io. Elle ne pouvait détacher ses yeux des deux silhouettes accroupies contre le mur de pierres sèches. Elle inspira un grand coup et s'approcha d'elles avec précaution.

L'ancienne arborait toujours le même visage impassible. Io entreprit de défaire avec délicatesse les liens qui enserraient ses poignets, tandis que l'étrangère la laissait faire en silence. La plus jeune, en revanche, se mit à gémir et à repousser Io de toutes ses forces.

— Je ne te veux aucun mal, tenta-t-elle. Regarde.

Elle leva ses paumes devant sa face et se redressa pour lui montrer qu'elle ne possédait aucune arme à sa ceinture. Cela n'eut pas le don d'apaiser la femme pour autant, dont le visage sillonné de larmes salées reflétait une panique pure.

— Calme-toi, Nian, prononça alors la vieille femme, qui posa sa main sur son bras. Elle veut juste t'aider.

Comprenant que cette dernière cherchait à la réconforter, Io acquiesça, même si elle saisissait juste quelques bribes de son dialecte. La nouvelle venue ne devait pas maîtriser leur langage. Elle songea qu'elle devrait vite s'y employer, car Celle-qui-commande ne possédait aucune patience pour ce genre de chose.

— Nian, dit Io en retirant les cordes avec douceur.

Elle pointa ensuite le doigt sur sa poitrine.

— Io.

À travers son voile de larmes, l'autre acquiesça, mais ne répéta pas son prénom. Elle enfouit sa tête dans ses genoux et continua à sangloter. Désemparée, Io se tourna vers la vieille femme.

— Il lui faudra du temps, déclara celle-ci. Tu ne peux exiger de Nian qu'elle se relève aussi vite. C'était sa fille.

L'ancienne désigna du menton la porte et plus loin, l'extérieur où gisait encore le cadavre. Le cœur de la jeune femme se fendit lorsque la réalité se fraya un chemin dans son esprit et une bile âcre envahit sa bouche. Le chagrin lui fit monter les larmes aux yeux.

— Je te remercie, dit l'ancêtre. Je me nomme Yuna. Je suis membre du clan de la Grande-conque. Nian est mon enfant.

— Je... Je suis désolée pour la mort de ta petite-fille, d'une si horrible façon... Je tenais aussi à te dire que je n'ai rien demandé. Ce n'est pas moi qui...

— Peu importe, la coupa Yuna. Que ce soit toi ou quelqu'un d'autre, c'est tout de même ton peuple.

Sur ce, elle lui tourna le dos et enlaça sa fille, pour joindre ses propres larmes aux siennes. Io demeura silencieuse un instant, les mains posées sur les cuisses, avant de regagner le foyer et ses galettes désormais trop cuites.

Chapitre 5 - Ama

Un souffle glacé la fit se retourner dans ses fourrures. Sa main tâtonna dans la semi-obscurité à la recherche du corps de Bec contre lequel se lover. La couche était vide. Ama poussa un long soupir avant de s'étirer et de contempler l'intérieur de son petit espace. Nulle présence, en dehors de celle de la statuette de pierre, n'animait les lieux. Elle se leva, cernée par un sentiment de solitude, contrariée par l'absence de son compagnon. Pourquoi l'avait-il laissée dormir autant ? Alors qu'elle se préparait une collation agrémentée d'une infusion de fleurs séchées, l'auvent de peau se souleva et une bise glaciale pénétra l'abri.

— Ah, tu es réveillée ! lui lança Bec tandis qu'il frottait ses paumes l'une contre l'autre pour les réchauffer.

— À peu près, répondit Ama d'une voix éteinte. Que se passe-t-il ?

Elle contempla la face rougie, mais illuminée d'un sourire enfantin, de l'homme qui se tenait à ses côtés.

— Mange, habille-toi avec tes fourrures les plus chaudes et accompagne-moi, tu le sauras !

Sans pouvoir s'en empêcher, elle sourit à son tour. Elle adorait l'enthousiasme de Bec pour les petites choses de la vie, sa candeur, parfois, alors qu'il était un homme fait. Elle engloutit sa galette d'orge sauvage, avant de lui emboîter le pas vers la terrasse.

— Regarde, lui dit-il, alors qu'il saisissait sa main.

Les yeux écarquillés, Ama aperçut le manteau immaculé qui recouvrait la vallée et la plaine tout entière. Descendue des montagnes proches, la neige avait quitté les contreforts de la Grande-dent pour descendre sur le plateau et ses environs. Les sons lui parvenaient comme étouffés, enrobés dans le moelleux et froid tapis.

— C'est beau, hein ? susurra Bec en l'enlaçant par la taille.

Elle reposa la tête contre son épaule, les yeux emplis du spectacle sublime de la nature immortelle.

— Oui, c'est magnifique. Merci, mon amour.

Ils échangèrent un long baiser, avant que l'homme ne pointe le sommet du renflement rocheux, couvert de stalactites glacées.

— Je voulais aussi que tu les voies, avant que nous ne les cassions, lui indiqua-t-il. Elles sont superbes, mais si l'une d'entre elles se brise sur la tête de quelqu'un...

Pas besoin d'en dire davantage, ce genre d'accident était hélas courant et parfois mortel. Surtout quand il s'agissait d'une enfant.

— Tu as raison, c'est dangereux. Elles se sont sans doute formées pendant la nuit, il n'y avait rien hier ! Le froid a beau être là depuis plusieurs soleils, je ne m'étais pas aperçue qu'il serait si violent tout d'un coup.

— Les saisons sont les mêmes, mais ne se ressemblent jamais vraiment, un peu comme les gens.

Ama jeta un regard circonspect à son compagnon. Plutôt pragmatique, il se laissait rarement aller à des considérations sur ses semblables. Elle lui donna un coup de coude dans les côtes, et cela le fit rire. Alors qu'il ramassait une poignée de neige, prêt à la lui lancer dessus pour se venger, il stoppa net son geste. De l'intérieur de l'abri sous roche, Ran accourait vers eux, le visage soucieux. Ama se retourna quand il les atteignit et l'interrogea du regard.

— Il faut que tu viennes, demanda-t-il à la chamane. C'est Ybn. Il ne se sent pas bien.

Les yeux de la femme aux cheveux grisonnants se voila.

— Je passe chez moi et je te rejoins.

Quelques instants plus tard, munie de sa large besace emplie de fagots et de sacs de plantes séchées, Ama pénétrait dans l'espace réservé aux plus anciens du clan. Adossé aux clayettes de bois couvertes de peaux et de fourrures qui l'isolaient du froid de la pierre, Ybn se tenait, pâle, les sourcils froncés par la douleur. Ama remarqua sa respiration saccadée, ainsi que la fine pellicule de sueur qui perlait sur son front ridé. Les mâchoires contractées du vieil homme trahissaient sa souffrance, et elle se demanda si elle parviendrait à l'apaiser.

— Comment te sens-tu, Ybn ? commença-t-elle.

— Si tu me le demandes, vu ma tête, c'est que tu n'es pas bonne guérisseuse, Chamane ! lui lança-t-il avant qu'une quinte de toux ne déchire sa poitrine.

Ama se dit que tout n'était peut-être pas perdu, si sa langue demeurait aussi acerbe.

— Ran est venu me chercher, il s'inquiétait pour toi.

Elle raviva le feu dans le foyer, préleva un brandon pour allumer une lampe à graisse au plus près du visage du vieillard et s'assit à ses côtés pour mieux l'observer.

— Ah... brave fils. Ne m'écoute pas, Chamane. Il ne sort parfois de ma bouche que des méchancetés. J'ai vu trop de choses, vécu trop longtemps, pour demeurer serein comme durant ma jeunesse.

Il soupira et la toux le prit à nouveau. Ama posa une main sur son front humide, à peine chaud. Elle saisit ensuite ses paumes tavelées, dont les poignets s'ornaient de tatouages de cendre spiralés, dans les siennes et les trouva glacées, ce qui l'inquiéta. Si la chaleur quittait ses extrémités, cela pouvait représenter une menace considérable par ce temps.

— Tu es sorti aujourd'hui ? lui demanda-t-elle, plus pour entretenir la conversation que pour obtenir une véritable réponse.

— Bien sûr que non. Je n'ai plus mis les pieds dehors depuis qu'il fait trop froid, mes vieux os ne le supportent plus. Ran m'a dit que la première neige est tombée.

— Ran ne ment pas. La terrasse en est couverte et toute la vallée est blanchie, jusqu'aux berges de la Grande-rivière.

— J'aurais aimé voir ce spectacle une dernière fois, murmura le vieil homme.

— Je peux demander à quelques personnes de te porter sur le surplomb si tu le souhaites. Il n'est pas trop tard.

Distraite, elle repassait mentalement la pharmacopée dont elle disposait. D'abord, calmer sa toux qui fatiguait son organisme avec une infusion de thym et de fleurs-douces[2]. Ensuite, peut-être renforcer le sang, pour qu'il circule mieux, à l'aide de poudre de racines d'angélique et de cyprès. Ou encore d'un peu d'arnica, elle en avait troqué assez l'été précédent lors du rassemblement. Les clans qui vivaient dans la montagne, comme celui de l'abri de Serre-fermée ou de Longue-vallée, disposaient toujours de plantes aux propriétés intéressantes.

— Non, répéta Ybn.

— Pardonne-moi, je me suis perdue dans mes pensées. Pourquoi ne veux-tu pas ? Quand je t'aurai donné de quoi soulager ta gorge, bien couvert de nombreuses fourrures, tu pourras prendre un peu

---

[2] Mauve.

l'air. Cela te fera du bien, je te l'assure. Rester enfermé n'est pas toujours la solution, même si l'on est mieux au coin du feu pendant la froide saison.

Elle lui adressa un grand sourire qui se figea devant l'expression résignée de l'ancêtre.

— Non. Toi comme moi, nous savons que c'est inutile, car je ne passerai pas la nuit.

— Ne dis donc pas des choses pareilles, Ybn ! Ce n'est pas bon de te laisser aller, tu dois te battre. Comme le chasseur que tu as toujours été.

— Cette époque-là est révolue, Chamane. Je n'ai plus assez de force en moi pour continuer. La Déesse m'appelle, elle m'accueillera bien. Le repos dans son sein me tend les bras et, pour tout t'avouer, je suis las de cette existence. J'ai trop donné. Pour mes enfants. Pour le clan. L'heure est venue pour moi de laisser ma place. C'est l'ordre des choses, et cela me convient. Et puis... (Il suspendit un instant ses propos, la poitrine déchirée par un sifflement sourd.) Le monde qui vient, je ne souhaite pas le connaître.

Il retira ses mains froides de celles d'Ama et elle eut la sensation qu'il allait tomber dans un gouffre noir d'où elle ne pourrait jamais le tirer. Ses larmes menacèrent de déborder. Ybn avait raison, mais perdre un membre du clan lui procurait toujours une grande tristesse.

— Allons, ne pleure pas. Donne-moi ce qu'il faut pour que je parte serein. Je n'ai pas envie de m'éteindre en m'étouffant ! Je désire m'endormir et ne plus jamais me réveiller.

La détermination du vieux chasseur la troubla profondément. Elle avait déjà fait cela plusieurs fois. On n'empêchait jamais quelqu'un de rejoindre la Déesse si cela était son souhait. Dans certains cas, lorsque de graves accidents survenaient, les chamanes aidaient leurs congénères à retourner à la terre en toute tranquillité. Quand la personne était encore en mesure de survivre, comme Ybn, cela demandait à celle ou celui qui détenait ce pouvoir un effort bien plus grand.

— C'est ce que tu veux, Ybn ? Es-tu sûr de cela ?

Le vieillard prit une lourde inspiration, avant de planter son regard gris dans celui d'Ama.

— Oui, c'est ce que je désire le plus au monde.

La chamane acquiesça avec gravité, puis se dirigea vers l'âtre pour

préparer la décoction qui endormirait les souffrances d'Ybn.

Le lendemain, elle s'éveilla fourbue, comme si elle avait couru toute la journée précédente pour monter et descendre du plateau. La neige n'avait pas cessé de tomber, obligeant Bec, Ala et d'autres volontaires à dégager la terrasse comme ils le pouvaient à l'aide de pelles sculptées dans de grands andouillers de cerf.

On gratta à la peau tendue et Ama se leva pour découvrir le visage fatigué et raviné de chagrin de Ran.

— Ama, prononça-t-il d'une voix brisée. Mon père est parti.

La chamane lui adressa un sourire triste, puis le serra contre elle de toutes ses forces. Perdre un parent n'était jamais facile, et il faudrait à Ran le soutien de toute la communauté pour l'aider à surmonter ce difficile moment. Quant à elle, elle devait se préparer désormais, pour le dernier voyage du doyen du clan. Elle se leva pour gagner un lieu auquel seuls les chamans avaient accès.

Tout au fond de l'immense surplomb, au sein même de la roche millénaire, une large fissure se dessinait dans les ombres. Telle une cicatrice géante ménagée dans la chair minérale de la falaise, elle s'ouvrait sur un étroit goulot. La chamane leva sa lampe à graisse à hauteur de son visage pour contempler les gravures qui encadraient l'anfractuosité. Certaines fois, il s'agissait de trois traits simples, d'autres, de longues lignes, dont les rayons blanchâtres, accentués de rouge, striaient la pierre nue. À intervalles réguliers, des dessins plus complexes se recouvraient les uns les autres : on distinguait les silhouettes des chevaux trapus, d'impressionnantes ramures de cerfs, ou encore des cornes d'aurochs, baissées dans une attitude furieuse. Des mains d'ocre pourpre ornaient aussi le pan de mur qui dissimulait l'étroite cavité. Après un instant de méditation face aux images laissées par ses prédécesseures et prédécesseuses, Ama pénétra avec précaution dans les entrailles de la grotte. Elle se contorsionna pour longer de profil le corridor, raclant les parois dures de son ventre rebondi, avant d'atteindre la caverne qui s'ouvrait devant elle.

Là, elle se servit de la flamme fragile pour allumer le foyer aménagé à même le sol. Elle y trouva tout le matériel nécessaire, simplement recouvert d'une fine couche de poussière de roche qui brillait à la lueur du feu. Elle souffla dessus pour révéler un bol de bois, qu'elle essuya du revers de sa tunique, ainsi qu'un large et ancien vase en céramique orné de motifs tracés à l'aide d'un coquillage. Elle savait que sa fabrication n'émanait pas de son peuple, mais des autres. Un ou une ancêtre l'avait sans doute troqué jadis, sa singularité lui conférait alors un pouvoir mystique qui se transmettait de génération en génération. Elle s'assit en tailleur dans l'espace confiné, éprouva la douceur du sol constitué de sable fin, avant de prendre une longue inspiration. La lumière s'intensifia, grimpa avidement le long des parois humides, décorées de petites draperies luisantes de gypse. Tout en murmurant des paroles incompréhensibles pour les non-initiés, elle s'activa autour du foyer. Elle versa le contenu de son outre dans le récipient d'argile, avant de le placer sur les pierres chaudes près de l'âtre. Tandis que l'eau se réchauffait, elle ouvrit sa besace et étala des sacs de peau fermés de cordons devant elle, sans interrompre sa mélopée lancinante. Elle les choisit avec soin : herbe-de-feu [3], pommes épineuses[4], graine de fleur noire[5]... Elle y ajouta de la menthe ainsi qu'un peu de miel qu'elle tira d'un rayon conservé dans un réceptacle en bois, afin d'adoucir l'amertume qui ne manquerait pas de se développer. Avec la force de l'habitude, elle versa les quantités appropriées de plantes séchées. Toute erreur pouvait la plonger dans un sommeil sans fin, l'abandonner dans l'après-monde, avec les esprits, sans qu'elle puisse en revenir.

Une fois que son infusion fut prête, elle s'installa sur un siège sculpté dans un billot de bois et couvert de fourrures très épaisses, adossé à la paroi scintillante. Depuis combien de temps son clan utilisait-il cet endroit ? Elle n'aurait su le dire. On remplaçait les peaux si elles moisissaient, et c'était tout, rien ne bougeait. Tout demeurait figé dans le secret de la roche.

Elle ferma les yeux. De longs filaments brillants, pareils à une immense toile d'araignée qui ondulait dans le vent, se déployèrent dans son champ de vision. Son voyage commença.

---

[3] Armoise.

[4] Datura officinale ou stramoine.

[5] Et pavot. Ces plantes ont vu leur usage confirmé depuis le paléolithique, sans doute à des fins cultuelles ou médicales, sans qu'il soit possible d'affirmer leur réelle utilité.

Quelques jours plus tard, un pâle soleil d'hiver frappait la terrasse en surplomb, tandis que la neige fondait. Les rigoles qui se formaient ralliaient les flots de la rivière en contrebas et annonçaient un redoux fugace. Le temps idéal pour ensevelir enfin la dépouille d'Ybn. Après avoir escorté son esprit dans les méandres de l'après-monde, la chamane avait rejoint les siens pour veiller le défunt. Tous avaient pu lui présenter leur ultime au revoir, pleurer son départ, évoquer son glorieux passé de chasseur, de père et de sage homme. Des offrandes de viandes et de fruits séchés l'accompagnaient pour son dernier voyage, et son cou était couvert de ses parures en os favorites. À son côté, son poignard en silex et de belles pointes de flèches effilées reposaient.

Mené par Ran et Tal, qui le soutenait dans cette épreuve, le clan porta le corps enveloppé de peaux de chevreuil vers les fosses des morts. Sur le plateau aride qui se déployait dans la lande au-dessus de leurs abris, les dépouilles de leurs ancêtres dormaient.

Là, ils le déposèrent avec déférence dans une tombe oblongue, dont le fond avait été couvert des galets de la Grande-rivière. Genoux repliés contre ses bras, imitant la posture des nouveau-nés, il retournerait ainsi dans le sein de la Déesse qui l'accueillerait avec bienveillance. La chamane s'avança, la tête ornée d'un massacre[6] de cerf, dont le museau se terminait en une capuche. À ses oreilles, des breloques en os tintaient dans le silence glacé de l'après-midi d'hiver.

— Rejoins la Déesse, Ybn du clan de l'Abri des Hautes-gorges. Ton cycle est accompli et désormais, tu peux te reposer de ta longue existence dans le ventre de la terre, récita Ama. Ô Déesse, accueille ton enfant qui te revient, ouvre-lui tes bras et berce-le, pour qu'il n'ait plus jamais ni froid ni faim.

Toujours les mêmes paroles lorsque l'un d'entre eux les quittait, alors que la tristesse, elle, était sans cesse différente. Elle se tourna vers Ran. Le fils du vieil homme, les yeux humides de larmes, jeta sur le corps recroquevillé la première poignée de terre meuble.

---

[6] Terme de vènerie désignant la tête d'un cervidé avec les bois.

La chamane remercia en silence la Déesse et lui demanda aussi de les protéger, de les garder des malheurs, afin qu'ils n'aient pas à répéter cette cérémonie trop souvent cette saison.

— Au revoir, Père, murmura Ran, alors que tous les membres du clan s'unissaient pour enterrer la dépouille.

— Nous n'avons pas le choix, argumenta Bec le surlendemain.

Ama contempla son compagnon, puis secoua la tête pour marquer son désaccord. Cela n'arrivait pas fréquemment entre eux, pourtant cette fois-ci, un pressentiment la poussait à le contredire.

— Nous pouvons tenir encore un peu. Les berges sont enneigées, mais pas gelées. Nous pouvons prendre quelques poissons en attendant.

Bec soupira. Il l'aimait, bien que son entêtement l'agaçât parfois.

— Nous ne pourrons pas nous contenter de cela pour le restant de la saison, et tu le sais. C'était nécessaire de partager un si grand repas avec le clan, pour le départ d'Ybn, et je ne condamne rien ni personne, c'était essentiel, seulement à présent, nos réserves ont trop diminué. Nous devons chasser.

Ama baissa la tête. Elle savait que son compagnon avait raison, qu'ils ne pouvaient compter sur les truites sauvages pour nourrir tout le monde. De plus, les rives demeuraient dangereuses pendant la saison froide, des blocs de glace cédaient parfois sur les berges, ou alors la crue pouvait surgir sans prévenir. Chasser en hiver n'était pas non plus une chose rare, même si on l'évitait la plupart du temps, car la chair des bêtes était maigre. Les hommes comme les animaux économisaient leurs forces pour la belle saison. Ama savait tout cela. Alors, pourquoi cette réticence ?

— Très bien, admit-elle, alors dans ce cas, laissez-moi interroger les Esprits. Vous ne partirez pas sans que je les aie consultés.

Un demi-sourire s'afficha sur le visage barbu de Bec, qui s'avisa de ne pas triompher.

— Tout ce que tu voudras, Chamane, lui susurra-t-il en l'attirant contre son torse puissant.

Lovée dans les bras de son amant, les craintes d'Ama s'envolèrent un peu, elle contempla longuement les flammes qui dansaient dans le foyer avec vigueur. La peur était une émotion qu'elle connaissait bien, que tous éprouvaient, de près ou de loin. Elle ne la laisserait pas la dominer.

Plus tard ce soir-là, tandis qu'elle reposait sa tête contre la pierre humide du sanctuaire caché, rien ne lui vint. Aucune vision ne se présenta à elle. Les Esprits demeuraient muets, seul le vide sombre l'encerclait de tous côtés, impalpable. Infini. Son rythme cardiaque s'emballa soudain alors que le vertige de la noirceur la gagnait. Elle tenta de maîtriser son souffle saccadé, sans y parvenir tout à fait. Au loin, une lumière pulsa au centre des ténèbres. Ténue, fragile, elle dansait dans l'obscurité comme la flammèche d'une lampe. Un simple coup de vent suffirait à l'éteindre, malgré cela, elle redonna de l'espoir à Ama, qui se concentra sur sa vision. Sa respiration se fit plus lente, son cœur s'apaisa un peu. Elle finit par apercevoir les larges contours, doux et chaleureux, de la déesse d'argile, les pieds plantés dans le sol meuble d'une caverne. Autour d'elle, en une ronde harmonieuse, les silhouettes d'aurochs, de chevaux, de loups et de cerfs se mêlaient, s'effaçaient, revenaient. Fascinée par le ballet improbable des ombres, bercée par leur rythme lancinant, Ama y joignit ses propres mouvements. La terre, le ciel, la pierre, l'eau, les bêtes, les humains, formaient un tout, unique et multiple à la fois. Un tout dont Ama était une partie et le centre. Un sourire radieux se dessina sur ses lèvres alors que la cadence de cette danse cosmique s'accélérait, l'entraînant dans un tourbillon de couleurs et de lumières.

Avec la soudaineté d'une tempête, les ténèbres revinrent en force et s'abattirent sur le monde, soufflant la lueur, emportant les enfants de la Déesse.

La chamane poussa un hurlement guttural avant de chuter avec rudesse. Le sol dur de la grotte la ramena à la réalité aussi vivement qu'une gifle. Un mal de tête s'insinua sous ses tempes, si violent qu'elle vomit.

Elle roula sur le dos, le cœur toujours affolé, avec pour seul son le battement du sang dans ses oreilles. Le corps secoué de longs tressaillements, elle se redressa avec précaution et jeta un œil au récipient à moitié rempli d'infusion. S'était-elle trompée dans les dosages pour subir ainsi une mauvaise transe ? Était-ce là la réponse des Esprits ? La chasse pouvait avoir lieu, bien qu'elle craignît que de cette dernière résulte une catastrophe, elle le sentait, au plus profond de ses entrailles. Comment allait-elle expliquer cela aux autres ?

Devait-elle laisser le clan mourir de faim pour les protéger d'un hypothétique danger, plus grand encore, dont elle ne savait rien ?

Quittant les maigres frondaisons décharnées, la petite harde s'arrêta sur le bord de l'immense plateau. Les biches fouillèrent le sol, avant de s'approcher de longs lichens jaunâtres qui ornaient les pierres moussues. Elles s'avancèrent pour brouter, les sens en alerte. Non loin de là, dissimulée sur le surplomb d'un chaos rocheux, Ala plissa les yeux. Quatre. C'était parfait, mais ils n'auraient pas droit à l'erreur. Elle émit un sifflement bref. Posté à proximité, Bec lui répondit. Satisfaite, elle entreprit de quitter son promontoire. L'affût était terminé, et elle s'en réjouit intérieurement. Elle avait toujours excellé à la traque. Ne restait plus aux autres qu'à jouer leur rôle. En quelques enjambées furtives, elle rejoignit Ian, épieu en main. Il posa un doigt sur ses lèvres et tous deux tournèrent le regard vers les buissons où Bec et leur groupe patientaient.

Les chasseurs sortirent de leur cachette avec précaution, les épaules couvertes de fourrures et de feuilles séchées. Les lames de silex des sagaies brillèrent sous le pâle soleil hivernal, et un long frisson remonta le long de l'échine d'Ala. Si la Déesse le voulait, ce soir-là, ils mangeraient tous de la viande fraîche. Elle serra les doigts autour du fût en bois de son arme, tandis qu'Ian lui faisait un signe de la tête. Les premières sagaies fendirent l'air avec un bruit aigu, et Ala vit celle de Bec se ficher droit dans le cou de l'une des bêtes.

Alors qu'elle retenait un cri de triomphe, un autre sifflement attira son attention. La biche suivante s'effondra dans les herbes racornies, les flancs criblés de longs fûts de flèches aiguisées. Elle se redressa d'un bond, tandis que la petite troupe rejoignait les dépouilles agonisantes.

Elle découvrit un groupe d'hommes armés qui venait à leur rencontre. Ils n'étaient pas du clan. Une sourde inquiétude vrilla les entrailles d'Ala, qui jeta un regard inquisiteur à Ian. Ils s'avancèrent avec vigilance.

— Que faites-vous ici, sur le plateau ? demanda Bec face à un homme trapu aux longs cheveux noirs et au visage parsemé de tatouages cendrés, dont les vêtements s'ornaient de motifs inconnus.

À sa ceinture, une hache surmontée d'une lourde tête de pierre et une dague de silex brillaient d'un éclat malfaisant.

— Nous chassons, comme vous, répondit l'autre avec une voix aux accents profonds, singuliers.

Des habitants des Longues-maisons. Ala n'en avant jamais vu d'aussi près. Les différences saillantes avec la haute silhouette de Bec la frappèrent. Leurs yeux sombres, leurs tenues insolites et, surtout, leurs arcs longs et les pointes en os effilées de leurs flèches hurlaient leur dissemblance, démontraient une attitude agressive.

— Nous avons tous besoin de cette viande, expliqua Bec en toisant son vis-à-vis. Vous pouvez prendre la bête que vos flèches ont abattue, l'autre a été tuée par nos sagaies.

L'Archer lui lança un regard indéfinissable avant de reporter son attention sur les cadavres que les hommes et les femmes du clan protégeaient. Ala remarqua la position dissuasive de Ran et de ses camarades, le fait que sa mère se tenait tout contre Bec. Comme pour le soutenir et le défendre. La tension était palpable sur le plateau désolé.

— Nos flèches ont aussi atteint la seconde, asséna enfin l'Archer, le doigt pointé sur la cuisse de l'animal.

— C'est juste, admit Bec. Mais ce n'est pas une blessure mortelle. Prenez celle qui vous revient et laissez-nous la seconde. Ainsi, nous partagerons les ressources que la Déesse nous accorde.

L'étranger afficha un demi-sourire et Ala sentit son sang se glacer dans ses veines. Pourquoi n'acceptait-il pas la proposition de son père ? Que venaient-ils faire ici, sur leur site de chasse ? Pourquoi ces gens ne prenaient-ils pas leur dû, avant de disparaître ?

— Nous aurons les deux, déclara-t-il, c'est ça qui est juste.

Un éclair de rage passa dans les yeux de Bec. Il serra les poings et se contenta de secouer la tête en signe de dénégation.

— C'est impossible. Nous avons abattu la première biche, elle nous revient, vous avez tué la seconde, elle vous revient. C'est équitable. Nous devons tous manger, et ce sera le cas. Les vôtres ne doivent pas se montrer trop voraces, si nous voulons tous vivre en harmonie.

Ama allait acquiescer aux sages paroles de son époux, lorsque l'autre murmura :

— Qui te dit que nous cherchons l'harmonie, sauvage ?

Sans répondre à cette provocation, Bec fit un geste à ses compagnons, leur signifiant par là de se saisir de la dépouille. Vif comme un serpent, l'Archer posa sa paume sur son bras et pesa de tout son poids dessus, son regard acéré, empli de défi, dirigé sur lui.

Une bise glaciale passa entre les rangs, et la tension monta d'un cran. Le visage fermé, Bec tenait tête à l'étranger, muscles bandés, son autre main portée à sa ceinture ornée de vertèbres de brochet et de perles d'os. Juste derrière lui, Ama retint son souffle, un curieux tremblement la parcourut tout entière comme si, devant elle, se jouait la destinée des deux peuples s'affrontant avec hostilité.

Un croisement.

Ils se trouvaient tous à un croisement, et du chemin qu'ils allaient emprunter découleraient des événements funestes ou bienheureux.

Tout se passa en un éclair, sans qu'elle puisse esquisser le moindre geste. Elle découvrit, trop tard, le sourire vicieux sur le visage de l'homme des Longues-maisons. Sans réaliser ce qui venait de se produire, elle vit Bec porter une paume à son ventre, la retirer empreinte d'un liquide rouge, poisseux. En face, son assassin essuyait négligemment la lame de son couteau en silex sur le revers de sa tunique. Le grand homme aux yeux pâles, celui qui était toute sa vie, tomba à genoux. Un cri guttural franchit ses lèvres. Le bourdonnement furieux du sang dans ses oreilles lui donna l'impression qu'il émanait de quelqu'un d'autre. D'un mouvement ample, sans trembler, l'Archer leva la hache de pierre qu'il portait au côté et l'abattit d'un coup sec sur le crâne de Bec. Une éclaboussure écarlate jaillit, et ce dernier s'effondra tout à fait.

Le hurlement d'Ama redoubla, alors que le geste de leur ennemi avait sonné le glas du groupe de chasseurs. Les acolytes de l'Archer se jetèrent sur les hommes aussi hébétés que la chamane, et le massacre commença. Le regard brouillé par les larmes, elle se précipita sur le corps de son compagnon, ravagée par une douleur qui enserrait sa poitrine. Son amour n'était plus.

— Mère ! appela Ala dans son dos. Mère !

La jeune femme allait la rejoindre, mais elle fut violemment retenue par les hanches. Elle se débattit et hurla, avant de reconnaître les bras puissants d'Ian.

— Tu ne peux rien pour eux ! lui asséna-t-il. Ala, rien ! Fuyons, fuyons, ou nous mourrons aussi !

— Non ! sanglota-t-elle. Non ! On ne peut pas les laisser... on ne peut...

Les mots se figèrent dans sa gorge tandis qu'elle contemplait le chaos qui régnait désormais dans la garrigue aride. Ian la serra contre lui et, d'un geste vif, la souleva de terre avant de se mettre à courir à toutes jambes dans la direction opposée au combat. Jetée en travers de son épaule comme un vulgaire gibier, Ala aperçut les silhouettes de ses deux parents s'estomper peu à peu sous le brouillard de ses larmes.

Au cœur de la confusion, la chamane ne ressentait plus rien. Le regard perdu dans le vide, les yeux voilés de terreur, elle tenait contre son cœur brisé le cadavre déjà froid de Bec. Autour d'elle, ses compagnons tombaient les uns après les autres sous les coups des hommes des Longues-maisons. Leurs haches et leur coutelas s'abattaient sur eux comme leurs faux sur les céréales, rougissant la terre gelée qui refusait de boire cette manne tiède.

Une dizaine parvint à fuir, lorsque l'Archer s'en aperçut. Il s'agenouilla en silence, banda son arc et tira. Plusieurs silhouettes à sa portée s'écroulèrent dans les buissons d'épineux et de ciste odorant. Il tenta encore d'ajuster un de ses coups. La cible, trop éloignée à présent, lui échappa. Il se redressa, satisfait, avant de contempler la femme éplorée à ses pieds. Sa mise singulière, ses cheveux poissés de sang, les ornements et les glyphes sur sa peau lui étaient vaguement familiers. Elle berçait l'homme qui lui avait tenu tête en murmurant des paroles incompréhensibles. Il la détailla attentivement, jaugea vite de sa valeur de son œil expert. Son étrange apparence lui laissait entendre qu'elle devait occuper une position enviable parmi son peuple, peut-être en tant que compagne de celui qui avait été leur chef et qu'il avait vaincu. Une idée atroce germa dans son esprit retors. Le Maître serait plus que ravi d'obtenir cette femme, même si les mèches grises de sa tignasse trahissaient son âge. Il devait la lui ramener, comme il avait ramené celles du bord de mer. Il sentait cependant que celle qui se tenait devant lui était bien différente. Le prestige qui ressortirait de la capture de l'épouse de son ennemi ne pourrait que lui plaire, asseoir son pouvoir et établir sa puissance. Il s'approcha, mais elle n'esquissa pas le moindre geste, pas la plus petite intention de se lever et de s'enfuir. Accrochée au corps sans vie, elle paraissait étrangère au drame qui se déroulait autour d'elle. Il saisit son bras et serra, pour la forcer à se mettre debout. Elle ne bougea pas d'un pouce.

Alors, d'un mouvement ample, il souleva le manche de sa hache et la frappa d'un coup sec à la tempe.

Chapitre 6 - 10

La lumière ténue de la fin d'après-midi éclairait les murs des maisons du village, réchauffant un peu l'atmosphère de cette froide journée. Éreintée, Io posa les deux seaux emplis d'eau qu'elle tenait à chaque extrémité d'un large bâton. Elle s'étira et contempla le soleil disparaître derrière les sommets enneigés. Elle n'aimait pas vraiment la neige, mais la voir de loin avait quelque chose de réconfortant. Elle reprit son fardeau, lorsque son regard fut attiré par un mouvement à l'entrée du hameau. Les chasseurs revenaient et ils n'avaient pas les mains vides. Tant mieux, cela apaiserait peut-être l'humeur exécrable du Maître. À mesure que les hommes passaient la porte ménagée dans la palissade, elle comprit que quelque chose était advenu. Ils portaient les carcasses de deux biches faméliques et traînaient aussi quelque chose derrière eux. L'air satisfait de l'Archer la frappa ; il l'arborait dès qu'il réussissait un mauvais coup.

Alors qu'ils avançaient, elle découvrit qu'il s'agissait d'un corps, et un éclair de panique traversa son esprit. Avaient-ils encore tué quelqu'un ? Pourquoi ramenaient-ils sa dépouille ? Le spectacle du cadavre sanglant de la petite fille de Yuna s'imposa à elle. Elle réprima un haut-le-cœur.

La frayeur lui fit écarquiller les yeux quand elle s'aperçut qu'il s'agissait d'une femme. Elle distingua de longs cheveux bruns parsemés de mèches grises et ornés de perles et de coquillages, des hanches épanouies, les bras liés au-dessus d'un visage marqué d'une longue traînée écarlate. D'ailleurs, ses vêtements entiers étaient couverts de taches sanglantes, vestiges de la tragédie qu'elle avait subie. Le cortège macabre passa devant elle, presque à la frôler, et elle s'aperçut que la poitrine de l'étrange femme se soulevait. Vivante. Elle était vivante. Une onde de soulagement envahit tout son corps, si bien qu'elle ne vit même pas le regard inquisiteur que l'Archer lui jetait.

Elle observa les hommes gagner la demeure du Maître, encore interdite.

— Toi ! cracha la voix de Celle-qui-commande derrière elle. Qu'est-ce que tu regardes ? Continue ton travail, sinon tu sais ce qui t'attend !

Io se recula juste à temps, évitant le plat de la main que cette dernière allait abattre sur son épaule avec une hargne non dissimulée. Elle reprit vivement ses seaux pour se diriger vers la Longue-maison, sous l'œil revêche de la femme furibonde.

Alors qu'elle versait le contenu de son fardeau dans de grands récipients d'argile crue, un froissement lui parvint. Elle se redressa, sentant confusément dans son dos que ses compagnes avaient reflué vers le fond de leur habitation.

— Viens ici, Io ! ordonna la voix désagréable de l'Archer. Suis-moi chez le Maître, on a besoin de toi.

Tête baissée, elle s'exécuta, bien que la perspective de retourner dans l'air glacé du soir après sa journée de labeur ne l'enchantât guère. Refuser n'était pas une option, et au fond d'elle, elle devait bien admettre que la curiosité la dévorait.

Elle plissa les yeux en gagnant la pénombre de l'habitation, qu'une odeur de feu, de graisse brûlée et de sueur aigre envahissait. Comme toujours, dans le coin qui leur était assigné, les épouses attendaient, enfants aux bras, plats dans les mains. L'Observateur était présent lui aussi pour assister à la scène. Io comprit alors que ce moment était sans nul doute important.

Elle s'avança vers la lourde figure du chef, rencogné dans son large fauteuil de bois couvert de fourrures, le menton dans une paume, l'air pensif. Lorsque ses yeux se posèrent enfin sur l'humble silhouette d'Io, il esquissa un vague sourire.

— Ah, te voilà. Regarde, lui dit-il en désignant, au sol, le corps inerte de la nouvelle venue. Occupe-toi d'elle.

Io contempla le Maître sans comprendre, puis reporta son attention sur la femme aux cheveux grisonnants.

— Je... hasarda-t-elle. Elle est trop lourde pour moi, comment puis-je la porter ?

L'homme soupira d'agacement.

— Que tu peux être sotte ! Elle ne vivra pas avec vous. Pas encore. Es-tu donc si bête pour ne pas voir que cette femme est puissante ? Ses vêtements, ses parures, sa chevelure... Je veux pouvoir contempler sa déchéance, voir cette farouche sauvage ramper à mes pieds comme les autres. Mais il faut d'abord qu'elle s'habitue à sa nouvelle vie, qu'on l'éduque et que l'on efface toute trace de son ancien rang. Ensuite, elle vous rejoindra.

— Je ne peux pas m'occuper d'elle ici, insista Io, alors qu'elle soutenait le regard du Maître pour la première fois.

L'autre la fixa avec intensité, une intensité telle que, bien vite, elle baissa à nouveau la tête et capitula devant l'aura furibonde qui émanait du visage de l'homme.

— Archer ! tonna-t-il. Conduis-la dans une des maisons en cours de construction. Enferme-la bien. Qu'elle ne voie personne tant que je ne me suis pas chargé d'elle. Nourris-la de façon correcte. Quant à toi... (Il pointa un doigt accusateur sur Io.) Tu as intérêt à la soigner comme il faut, qu'elle se réveille et qu'elle soit en pleine forme. Elle devra travailler. Si elle meurt, je t'en tiendrai pour responsable. M'as-tu bien entendu ?

Io acquiesça vite et reflua vers la sortie. L'Archer la suivit, un autre homme sur ses talons, le corps de l'étrangère toujours inconsciente entre leurs mains.

Ils la jetèrent dans un coin de la nouvelle maison. Elle était achevée, mais encore inhabitée. Le strict minimum s'y trouvait, sans doute laissé là par les bâtisseurs : un foyer aux cendres froides, un tas de fourrures en mauvais état sur une couche de paille qui avait connu de meilleurs jours, quelques cruches et récipients ébréchés. Io haussa les épaules. Elle avait l'habitude de faire beaucoup avec peu. Pour le moment, l'essentiel était de soigner cette pauvre femme et la leur ramener.

Alors que l'Archer et son compère les abandonnaient à leur sort, elle patienta. Le bruit de leurs pas sur le sol dur s'éloigna et elle respira enfin. Elle installa l'étrangère du mieux qu'elle le put sur la couche sommaire, la détaillant un peu plus. Alors qu'elle écartait les mèches poissées de sang, les coquillages et les perles tintèrent doucement dans le silence de la maison, un son agréable qui lui procura un frisson. Dans les ombres qui s'étendaient, elle contempla son visage fin, aux mâchoires anguleuses. La courbe de son nez, la légère amande de ses yeux encadrés de minces ridules, son front haut, bien dessiné, dont les sillons profonds trahissaient l'âge, tout cela l'intriguait. La femme était bien plus grande qu'elle, et sa tignasse, bien que parsemée de longs filaments gris, comptait aussi des reflets dorés, qui dénotaient son origine inconnue. Les femmes du village, tout comme elle, arboraient le plus souvent une nuance brune, et étaient plus petites. D'où venait donc cette femme ? Que faisait-elle ici ?

Elle inspecta un peu plus son apparence, et les ornements de ses vêtements lui rappelèrent un peu ceux que portaient Yuna et Nian lors de leur arrivée. Peut-être appartenaient-elles à un même clan ? Dans ce cas, les deux étrangères seraient sûrement ravies de voir une compagne qui leur ressemblait, songea Io.

Elle se dirigea vers le foyer, s'empara du nécessaire à feu qui ne la quittait jamais et, en quelques secondes, une flamme vive embrasa l'amadou. Elle se servit dans la petite réserve de bois qui gisait contre l'un des murs blancs pour alimenter le brasier. La température grimpa, au grand soulagement d'Io. La chaleur ferait du bien à l'évanouie, dont les membres devaient être transis par le froid glacial et son long séjour contre le sol gelé. Elle chercha dans plusieurs vases avant d'en trouver enfin un dont le bouchon de liège hermétique protégeait une eau claire et fraîche. Elle entreprit d'abord d'y tremper une large bande de peau souple qu'elle préleva dans la sacoche pendue à sa ceinture, pour éponger le sang séché sur le visage de l'inconnue. Elle gémit lorsqu'Io passa sur sa tempe, sentant sous ses doigts une bosse grosse comme un œuf de perdrix. L'œuvre de l'Archer, à n'en pas douter. Io soupira. Il fallait qu'elle aille chercher au moins une couverture pour la femme, un peu de gruau chaud, une galette et, si Yuna voulait bien l'aider, quelque chose pour faire un emplâtre et diminuer l'hématome. Elle s'avoua qu'elle n'y connaissait pas grand-chose en plantes médicinales, hormis l'usage de la consoude et du plantain pour les petites hémorragies, ainsi que l'écorce de saule pour les fièvres diverses. En dehors de cela, elle ignorait la magie des végétaux. L'Esprit savait, lui, mais elle ne se voyait pas lui demander quoi que ce soit. Le vieil homme lui inspirait une terreur profonde. Il ne s'approchait d'ailleurs jamais des femmes, sauf au moment de leur délivrance, surtout s'il s'agissait d'une des épouses du Maître ou de Celle-qui-commande. En dehors de cela, elles devaient se débrouiller seules. An possédait un savoir qu'elle conservait jalousement et ne transmettait à personne, accrochée au petit prestige que cela lui conférait. Elle avait remarqué que Yuna, en revanche, aidait volontiers ses semblables. Elle sortit d'un pas décidé, pour se trouver nez à nez avec deux hommes qui gardaient l'entrée.

— Que faites-vous là ? questionna-t-elle, surprise.

— Qu'est-ce que ça peut bien te faire ? rétorqua l'un d'entre eux avec hargne.

— Le Maître nous a demandé de surveiller l'étrangère, expliqua le second, plus jeune. Seuls toi et l'Archer pouvez la voir pour l'instant.

Il lui adressa un regard contrit, mais plein d'une douceur peu commune, ici.

— Je comprends, répondit Io, et elle le gratifia d'un lumineux sourire. Je dois chercher à manger pour elle. Je reviens.

Les deux hommes lui firent signe en silence, et elle regagna sa demeure. La nuit était presque tombée à présent, une brume froide rampait entre les maisons plongées dans le noir. Çà et là, des torches et quelques foyers extérieurs dispensaient une chiche lueur, suffisante toutefois pour qu'Io retrouve son chemin dans le village qu'elle connaissait par cœur.

Elle trouva Yuna sur sa couche, la tête de Nian sur les genoux. Elle caressait la chevelure de la jeune femme en chuchotant des paroles qu'Io ne comprenait pas. Cette habitude leur était venue peu après leur arrivée et semblait soulager Nian de sa peine, comme si elle redevenait une enfant. Io eut un pincement au cœur quand elle les interrompit.

— Yuna, murmura-t-elle, j'ai besoin de ton aide.

L'ancienne la regarda et, sans cesser de bercer sa fille, elle lui répondit :

— Que me veux-tu ?

— L'Archer a ramené une nouvelle femme. Une femme qui... (Elle chercha les mots les moins offensants possible.) Qui te ressemble.

À ces paroles, l'aïeule se redressa un peu plus. Dérangée, Nian gémit avant de se recroqueviller en position fœtale un peu plus loin sur les fourrures.

— Comment ça, qui me ressemble ? lui demanda-t-elle, les yeux emplis d'intérêt et de quelque chose qui ressemblait à de l'espoir.

Io se mordit l'intérieur des joues, elle ne voulait pas créer de fausses attentes chez la vieille femme, encore moins susciter sa curiosité, puisqu'elle ne pourrait pas voir la nouvelle arrivée tout de suite.

— Une étrangère, comme toi, finit-elle par laisser tomber.

Les épaules de Yuna s'affaissèrent, elle balaya l'air de sa main comme si tout cela ne revêtait pas la moindre importance. Peut-être avait-elle cru qu'il s'agissait d'une membre du clan de la Grande-conque. Cela pouvait être le cas, comme pas du tout. Il lui faudrait s'armer de patience avant de le découvrir.

— L'Archer l'a frappée à la tempe et elle a une grosse bosse. Elle respire bien, mais reste inconsciente. Il me faudrait quelque chose pour la soigner, ou au moins diminuer un peu la douleur. Est-ce que tu as un remède en ta possession ? Je te le rendrai, je t'aiderai pour la cueillette et même, je te donnerai autre chose en échange, des coquillages, des aiguilles en os, un panier, ce que tu veux.

Elle vit les rides du front de la vieille femme s'accentuer, jusqu'à former trois grands sillons profonds, signe d'une intense réflexion. Au bout d'un moment, Yuna jeta un œil par-dessus l'épaule d'Io et, avec précaution pour que personne ne l'aperçoive, elle retira de sous sa couche un petit sac en peau élimée.

— Tiens, lui dit-elle en le fourrant dans sa paume. Utilise les plantes en infusion et fais-les-lui boire. Pour sa tête, rien de plus simple : plonge des bandelettes dans de l'eau très froide et applique-les sur la bosse. Le froid aidera à diminuer l'ecchymose. Ça devrait suffire. Si elle n'est pas réveillée d'ici deux jours, en revanche, alors il n'y aura plus rien à faire, acheva-t-elle d'un ton lugubre.

Io déglutit et enfouit le précieux contenant sous ses vêtements afin de le dissimuler aux yeux avides de leurs compagnes.

— Merci, lui répondit-elle. Je te suis redevable.

— Je le sais, dit l'autre, et pour commencer, tu vas tenter d'apprendre d'où vient cette femme et à quel clan elle appartient.

— Je ne suis pas sûre qu'elle soit de ton clan, grimaça Io. Et puis, elle ne parle sans doute pas encore notre langue.

— Peu importe, lui asséna la vieille. N'oublie pas que tu as promis. Sinon, ce n'est plus la peine de compter sur moi.

Io parvint à l'entrée de la nouvelle habitation en quelques enjambées, les bras chargés de couvertures, une sacoche emplie de victuailles accrochée à ses hanches. Elle salua d'un signe de tête les deux gardes qui battaient leurs flancs dans le froid de la nuit et passa sous la porte. Le feu éclairait toujours le centre de la large pièce et dispensait assez de lumière pour qu'elle s'aperçoive que la couche était vide.

Une angoisse sourde lui tordit l'estomac. Elle s'approcha du tas de fourrures élimées, déposa son fardeau. Un coup l'atteignit à l'épaule et la fit basculer sur le sol. Elle retint un cri étouffé et se retourna, les avant-bras levés devant son visage pour se protéger.

Le souffle court, l'étrangère se tenait au-dessus d'elle, une bûche entre les mains qu'elle brandissait tel un gourdin. Io la fixa, stupéfaite. Elle tendit ses paumes devant elle, en signe d'apaisement.

— Ne me frappe pas ! S'il te plaît, la supplia-t-elle. Je n'ai pas d'armes, vois !

Elle dressa un peu plus les mains, doigts écartés, pour démontrer ses propos. L'autre en face la toisa un instant, et ses traits déformés par la haine et le chagrin s'effondrèrent. Elle laissa choir le morceau de bois.

— Tout va bien, poursuivit Io d'un ton apaisant, lent. Tout va bien.

Elle n'était pas sûre qu'elle saisisse son dialecte, mais peu importait. Le temps parut s'étirer indéfiniment entre les deux femmes qui demeuraient aussi immobiles que des statues d'argile dans la pénombre. Puis, elle sembla se détendre, estima sans doute qu'Io ne présentait pas de danger. L'étrangère finit par s'asseoir par terre, mais conserva une distance prudente. C'était la première fois qu'Io la voyait avec les yeux ouverts, et elle fut tout de suite attirée par leur reflet vert où dansait la lueur des flammes. Un regard profond, envoûtant. Le Maître avait raison, cette femme avait dû tenir une position des plus importantes parmi son propre peuple. Son port de tête altier, ses épaules larges sur lesquelles cascadait sa longue chevelure rehaussée de bijoux, son air fier, sauvage, fascinaient la jeune fille.

— Io, bredouilla-t-elle.

Elle apposa sa main sur sa poitrine, comme elle l'avait fait devant Nian et Yuna.

L'étrangère la toisa d'un regard indéfinissable.

— Est-ce ton nom ? lui demanda-t-elle d'une voix éraillée, aux accents gutturaux.

Elle comprenait sa langue ! Pour un peu, la jeune femme aurait sauté de joie.

— Oui ! confirma-t-elle. Regarde, je t'ai apporté des couvertures plus chaudes, de quoi manger, aussi.

L'étrangère ne broncha pas, et Io sentit une pointe de déception pincer son cœur. Elle se rappela alors l'arrivée de Yuna et de Nian, le drame qu'elles avaient subi. Peut-être qu'elle aussi avait assisté à des choses trop graves pour se réjouir maintenant. Il lui faudrait sans doute du temps.

— Je t'ai apporté ceci, déclara-t-elle, alors qu'elle agitait devant ses yeux le petit sac confié par Yuna.

L'autre ne fit pas mine de tendre la main pour s'en emparer.

— Des plantes, insista Io, pour ta tête.

Elle esquissa un geste vers le visage de sa compagne, mais celle-ci recula.

— Qu'y a-t-il, là-dedans ? finit-elle par lui demander.

— Je ne sais, pas avoua la jeune femme. On me l'a donné. Quelqu'un de confiance, s'empressa-t-elle d'ajouter devant l'air suspicieux qui se peignait sur les traits de sa vis-à-vis.

D'un geste sec, elle s'empara de la bourse et l'ouvrit avant d'y plonger le nez et de renifler avec circonspection. Io la regarda faire, amusée par son comportement curieux.

— Épine blanche[7], herbe aux mouches[8]. Raisin de loup[9]. Violette des serpents[10], énuméra-t-elle d'un ton docte.

Io admirait sa maîtrise de leur langage, même si elle ne comprenait pas de quels végétaux elle parlait. Elle possédait un accent étranger, c'était certain, mais semblait connaître les aspects essentiels de sa langue. Elle songea que Celle-qui-commande aurait une drôle de surprise en l'entendant, et cette simple perspective lui apporta un peu de joie. Cet élan fut de courte durée.

L'autre se leva et la contourna afin de l'éviter le plus possible. Elle regarda les divers pots que la jeune fille avait rapprochés du foyer et finit par trouver l'eau. Elle but à même sa paume trempée dans le large récipient, avant de tenter de transvaser le liquide dans un bol plus petit. Devant sa maladresse, Io s'empressa de se porter vers elle, mais la femme recula comme si sa proximité la brûlait.

— Je veux juste t'aider, lui assura-t-elle avec douceur.

— Montre-moi comment faire, puis va-t'en.

— Le Maître m'a demandé de prendre soin de toi.

L'étrangère lui lança alors un regard indéfinissable avant d'éclater d'un rire rauque qui se mua en une plainte déchirante.

— Prendre soin de moi ? fulmina-t-elle. Prendre soin de moi ? Ton peuple vient de massacrer les miens, de voler notre viande, de tuer…

Les mots moururent dans sa gorge serrée, tandis que les larmes menaçaient au coin de ses yeux.

— Je suis désolée, souffla Io, démunie devant le désespoir qui émanait de la femme.

— Va-t'en, cracha-t-elle sous ses sanglots. Va-t'en !

Malgré le mélange de colère et de tristesse, malgré sa curiosité qui la poussait à en apprendre plus sur cette mystérieuse inconnue, Io n'insista pas. Après tout, songea-t-elle, on ne pourrait rien lui

---

[7] Aubépine.
[8] Mélilot.
[9] Cassis.
[10] Petite pervenche.

reprocher. La femme était en vie, et paraissait alerte. Elle pouvait manger et se réchauffer. Sa mission était accomplie, se dit-elle pour se rassurer.

Alors qu'elle dépassait les deux hommes toujours en faction devant la porte de la maison, elle ne put empêcher une pointe de chagrin de serrer son cœur.

Chapitre 7 - Ama

La douleur. Une douleur sourde, lancinante, qui lui coupait le souffle. C'était tout ce qu'elle pouvait ressentir pour le moment. Un énorme trou dans sa poitrine, là où, quelques heures plus tôt, se trouvait son cœur. Les images se succédaient dans sa tête, sans qu'elle puisse en interrompre le flot.

Allongée sur le dos, dissimulée de son mieux sous les épaisses couvertures de peau et de fourrure, elle pleurait. Elle avait espéré que la tisane, seule chose qu'elle avait pu avaler, aurait eu un effet sédatif. Hélas, ce n'était qu'une petite composition de simples, certes bénéfiques pour résorber la bosse de son crâne, mais qui pourtant ne pouvaient rien pour le vide absolu qui creusait son âme. La chamane se retourna en gémissant. Pourquoi les Esprits la laissaient-ils vivre ? Elle murmura entre ses dents une supplique à la grande Déesse, pour qu'elle vienne la prendre dans la nuit. Pour qu'elle puisse rejoindre Bec, où qu'il se trouvât.

La seule évocation du nom de son compagnon disparu la perça d'une souffrance presque insoutenable, à tel point qu'elle se plia en deux. Elle avait fouillé ses vêtements dans l'espoir d'y découvrir sa dague de silex, ou l'un de ses sachets personnels dont elle ne se séparait jamais et qui lui aurait permis, avec une simple infusion, d'atteindre le royaume des morts. Rien. On ne lui avait laissé que ses habits. Le reste lui avait été subtilisé. Elle doutait que quiconque dans ce village de sédentaires connaisse l'usage des plantes et champignons séchés qu'elle transportait. L'arme, en revanche, c'était autre chose.

Pour le moment, elle décida de ne pas s'en soucier et de laisser libre cours à sa peine et à sa détresse.

La nuit noire qui enveloppait l'habitation finit par se dissiper. À l'obsidienne du ciel d'hiver succéda une aurore glauque, glaciale. Les bûches s'étaient consumées depuis longtemps sans qu'Ama ait esquissé le moindre geste pour raviver le foyer. Sur les pierres désormais froides, deux galettes de céréales inconnues d'elle gisaient. Elle se refusait d'y toucher, et étanchait juste sa soif par intermittence à même le récipient de terre cuite.

Alors que la matinée était bien avancée, la chamane n'avait toujours pas quitté sa couche. Les yeux clos, cernés de lourds traits violacés, elle sanglotait sans plus qu'aucune larme coule sur ses joues hâves. Son chagrin au contraire, ne tarissait pas. Le vide béant dans sa poitrine demeurait, tandis qu'une angoisse tenace lui faisait ruminer sans cesse les mêmes questions. Pourquoi les gens des Longues-maisons les avaient-ils attaqués ? Aurait-elle pu éviter le massacre des siens, si elle avait su interpréter les signes et les visions ? Ala était-elle parvenue à s'enfuir, ou bien avait-elle aussi succombé ? Sa fille, sa propre chair, une flèche plantée dans le dos, son sang s'écoulant sur la terre raide de gel, pour se mêler à celui de son père. C'en fut trop. La douleur mordit son cœur encore plus fort. Si son enfant n'en avait pas réchappé, Ama ne s'imaginait pas poursuivre cette vie désormais stérile.

Un froissement léger se fit entendre dans la maison vide, suivi du bruit de pas feutrés qui effleuraient le sol de terre battue, comme s'ils voulaient se rendre inaudibles. Dans sa confusion, Ama ressentit une présence, sans doute celle de la jeune femme de la veille, mais ne daigna pas se retourner.

— C'est moi, chantonna une voix claire, douce. Oh, tu n'as rien mangé. Tu n'aimes pas les galettes ?

Devant l'absence de réponse, celle qui lui avait dit s'appeler Io eut la délicatesse de ne pas insister.

Ama l'entendit s'affairer dans son dos, chercher des bûches bien sèches dans le tas non loin, rallumer les flammes, remplir le pot d'eau fraîche.

Malgré l'effort que cela lui demandait, elle se tourna enfin vers la jeune femme, sans se lever, et l'observa.

Son regard glissa sur la silhouette longiligne de la nouvelle venue. C'était bien la même femme que la veille, celle qu'elle avait failli assommer. Elle la détailla plus avant. Ses vêtements ne portaient presque aucune trace de parures. C'étaient de simples peaux cousues ensemble, assorties d'un drôle de tablier, façonné dans une fibre inconnue d'Ama. Elle la regarda d'ailleurs déplier à même le sol une sorte de natte dans un matériau semblable, et s'installer dessus. La curiosité s'insinua dans son esprit, mais elle se retint d'ouvrir la bouche. Elle la vit alors extirper d'une besace de cuir un large morceau de viande fumée et, enfin, ses yeux se posèrent sur ce qu'elle convoitait. Io sortit une longue feuille de silex rivée à un élégant manche en os de cervidé, luisante. L'arme mortelle absorba toute l'attention de la chamane. La fille découpa de fines tranches dans la chair, puis les disposa avec soin sur une pierre plate, tout prêt du feu qui inondait désormais la pièce de sa chaleur. Ama se concentra sur la lame, mais sentit ses muscles se détendre petit à petit. Sa vigilance retomba sans qu'elle ne puisse rien y faire. Une fatigue immense s'abattit sur ses épaules tendues, et les larmes perlèrent de nouveau au coin de ses yeux embués.

— Tu n'as pas dormi non plus, à ce que je vois, se contenta de constater Io, tout en continuant ses besognes. Tu n'as pas besoin de parler, si tu ne veux pas. Je comprends, il te faudra du temps pour t'habituer à cette... situation.

Ses mains retombèrent sur ses genoux et elle fixa la chamane qui pleurait sans un bruit.

— Je m'appelle Io, tu te souviens ? lui demanda-t-elle. Tu es chez le Maître de Grande-rivière, ici. C'est comme ça qu'il se nomme lui-même, en tout cas. Tu le rencontreras. Bientôt. Ainsi que nos compagnes. Je sais que c'est dur, très dur. Mais ne t'inquiète pas. Nous sommes nombreuses à être passées par là. Nous te comprenons.

Ama n'esquissa pas le moindre mouvement, mais se demanda de qui pouvait donc bien parler cette Io. Y avait-il d'autres femmes comme elle ? Dans ce cas, appartenaient-elles au clan ? Un frêle espoir gonfla dans sa poitrine. Se pouvait-il qu'Ala se trouve parmi elles ? La réalité la rattrapa et elle chassa bien vite cette idée. Ce ne serait pas une bonne nouvelle, elle préférait croire au contraire que sa fille en avait réchappé, avait pu retrouver ce qui restait de leur famille et se sauver, ailleurs. Peut-être pour rejoindre l'abri du Martin-pêcheur, plus haut dans les gorges, moins accessible ? Peut-être encore plus loin, dans les montagnes, chez ceux de Longues-Vallée ou de Serre-fermée ? Si Ama devait formuler un dernier vœu à la Déesse, c'était bien celui-là. Que sa fille ne se retrouve pas dans cet endroit affreux avec elle, vouée à une mort qui paraissait certaine. Qu'elle soit loin, et en sécurité.

Elle reporta son attention sur les gestes de l'étrangère. Elle était plutôt petite, comme elle l'avait constaté la veille au soir, mais assez costaude pour soulever de lourdes charges, ainsi que toutes ses contemporaines. Habile, aussi. Il ne serait pas aisé de lui subtiliser son arme par la force. Surtout dans l'état dans lequel Ama se trouvait à présent. La chamane devait réfléchir, se rétablir, si elle voulait mettre sur pied un plan quelconque pour s'échapper, que ce soit par la mort ou par tout autre moyen.

Elle se redressa sur un coude, et ce simple geste suffit à lui donner le vertige. En face, Io lui adressa un large sourire, convaincue, semblait-il, que son petit discours avait eu l'effet escompté. Sans prononcer une parole, Ama prit une grande inspiration avant de se saisir d'une tranche de viande et de la fourrer dans sa bouche. Elle mastiqua un moment, puis avala avec difficulté la chair pourtant tendre, tant sa gorge demeurait serrée. Elle en mangea une seconde sitôt l'autre terminée et, cette fois, la fit passer avec une louche d'eau fraîche que lui tendait la jeune femme.

Pendant ce temps, Io mit de l'eau à chauffer pour une tisane.

— Ça va ? demanda cette dernière, le doigt dirigé vers la tempe d'Ama.

Elle acquiesça et attrapa une galette de céréales chaude. Le goût était inhabituel, farineux, sec. Très différent des bouillies de glands agrémentées de fruits et de graines qu'elle préparait pour le clan. Elle songea à ce qu'Aro et Ran leur avaient rapporté sur Ceux-des-longues-maisons. Aux champs de plantes dorées qu'ils faisaient pousser, alors qu'ils arrachaient à la terre nourricière des lambeaux de son être au lieu de profiter de ce qu'elle offrait généreusement. Le goût dans sa bouche devint amer. Aro. Ran. Cro. Avaient-ils tous subi le sort de Bec ?

Repenser à ces instants de terreur lui retourna l'estomac, ce qui l'obligea à cesser de grignoter. Elle porta sa main à son ventre, pas loin de vomir tout ce qu'elle venait d'avaler. Io devina ce qu'il se passait et lui tendit rapidement la louche de bois emplie de liquide. Ama but à longs traits, pour diminuer la sensation désagréable. Elle devait se forcer, conserver la nourriture, sinon jamais elle ne parviendrait à s'emparer de la lame de silex qu'elle convoitait.

— Prends tout ton temps, la rassura Io.

— Merci, articula-t-elle enfin d'une voix enrouée.

Io, en face, lui adressa un sourire éclatant, comme si ce simple mot suffisait à illuminer sa journée. Elle retroussa ses manches et jeta à nouveau deux bûches dans le foyer. Alors que les étincelles crépitaient sur leurs visages, Ama remarqua les profondes cicatrices qui barraient les avant-bras de la jeune femme. Les lacérations avaient laissé de larges plaies rosâtres, certaines anciennes, d'autres plus récentes, si différentes de celles qui décoraient sa propre peau. Il ne s'agissait pas là de scarifications rituelles. On battait cette femme, durement. Que se passait-il donc dans cet endroit exécrable ? Elle secoua la tête.

Alors qu'Io se levait pour regagner la porte, la chamane, toujours depuis sa couche de fortune, lui lança :

— Ama. Tout le monde au clan m'appelle Ama.

La douce jeune fille se retourna, sourit derechef et lui adressa un petit signe de la main.

— Je reviendrai te voir ce soir. Repose-toi.

Bouleversée, la tête lourde de pensées tourbillonnantes, Ama la regarda s'éclipser, avant de retomber sur ses fourrures, épuisée.

Les journées suivantes se déroulèrent dans un brouillard semblable. Ama dormait la majeure partie du jour, pleurait souvent la nuit, se nourrissait tant bien que mal. Lorsqu'Io approchait, elle épiait le moindre de ses mouvements, gravait dans son esprit sa façon de se tenir, l'endroit où elle rangeait son couteau à sa ceinture, comment et ce pour quoi elle s'en servait. Elle tentait de percevoir le moment où l'attention de la jeune fille se relâchait le plus. Elles échangeaient peu de paroles, mais Ama cherchait tout de même à gagner sa confiance, à la faire se sentir de plus en plus à l'aise, pour qu'elle ne se méfie pas. Elle s'efforçait aussi de lui soutirer des informations sur le lieu où elles se trouvaient et qu'Io appelait « le village », terme qu'Ama ne connaissait pas. Elle avait fini par comprendre qu'il désignait en gros l'endroit où elles vivaient et en même temps, la communauté, les gens qui occupaient ces Longues-maisons, sans doute toutes semblables. Si l'esprit vif et curieux de la chamane la poussait à en apprendre plus, surtout sur la façon de construire ces habitations, elle refrénait ce sentiment.

Dans son cœur, tout était encore trop confus et surtout douloureux. S'emparer de l'arme demeurait son objectif premier, ce qui la poussait à se réveiller, la forçait à mettre ses pensées en route. Mais ensuite ? Tuer la jeune fille ? Elle n'y était pour rien. S'enfuir pour retrouver les siens ? Elle ne savait même pas réellement où le village se trouvait, s'il était très étendu, ou encore combien de personnes le peuplaient. Elle tentait de se rappeler ce qu'on lui avait raconté et surtout, la vision qui l'avait assaillie dans la grotte. Ceux-des-longues-maisons vivaient dans la large plaine alluviale de la Grande-rivière, qui se développait entre la fin des montagnes, les gorges et le bord de mer, là où était établi le clan de la Grande-conque. Dans ce cas, elle pouvait peut-être envisager de les rejoindre, s'ils étaient les plus proches. S'allier avec eux, pour faire payer à ces hommes le mal qu'ils avaient infligé à sa famille et aux siens. Son cœur se serra au souvenir des merveilleux instants passés dans l'abri sous roche. Pour la première fois depuis qu'elle était arrivée, elle songea à sa statuette. Elle avait emporté, comme toujours, la déesse de son foyer à la chasse avec elle, pour s'assurer sa protection et beaucoup de gibier. Elle la maintenait dans une petite bourse, rembourrée de feuilles de fougères séchées et de ouate de massette, pour ne pas la casser. Elle palpa ses hanches, au niveau de sa ceinture. Bien entendu, la statuette ne s'y trouvait plus. De rage et de frustration, elle poussa un hurlement. Même cela, on le lui avait volé.

Un bruit la fit se retourner brusquement. Interdite, sur le pas de la porte, Io se tenait, les mains vides, cette fois-ci, une expression craintive se peignait sur ses traits juvéniles.

— Je suis désolée de t'interrompre, lui dit-elle maladroitement, mais... le Maître souhaite te voir.

Alors qu'elle achevait ses paroles, deux hommes pénétrèrent dans l'habitation, leurs haches de pierre polie pendant à leurs ceintures de cuir. Ils arboraient un air lourd de menaces et lui firent signe de se lever. Ama s'exécuta de mauvaise grâce, comprenant que cette invitation ne pouvait être refusée.

Chapitre 8 - Io

Io contemplait Ama avec dans le regard cette sourde angoisse qu'elle ne parvenait pas à dissimuler. Elle savait qu'elle aurait dû mieux la prévenir, lui expliquer comment les choses se déroulaient au village pour les femmes comme elles, mais elle n'avait pas voulu rajouter à son chagrin déjà immense. Une onde de culpabilité remontait le long de sa colonne vertébrale, alors qu'elles gagnaient l'extérieur de la maison dans laquelle l'étrangère avait été isolée. Le froid mordit ses joues et elle vit Ama plisser les paupières sous la lumière rasante. Elle songea que cela faisait des jours que la prisonnière n'avait pas respiré de l'air frais et elle espéra que cela, au moins, lui ferait du bien.

Leur petit équipage tournait juste au coin, pour se diriger vers la vaste esplanade entourée d'habitations, quand la figure de l'Archer se découpa sur l'un des murs. Il quitta l'abri d'un appentis et, en quelques enjambées félines, fut à leurs côtés. Le sang d'Io se figea et elle jeta un œil vers sa compagne qui marchait, la tête droite, entre ses deux gardiens. Le reconnut-elle ? Elle n'aurait su le dire. Son visage demeura impassible et blême, sans aucune expression. Elle vit l'homme sans gêne se porter au-devant d'elle, tant et si bien qu'ils furent dans l'obligation de s'arrêter. Une bourrasque les balaya, chargée de l'air froid des sommets enneigés.

— Te voilà enfin debout ! claironna le chasseur, un large sourire étiré sur sa face.

Peu à peu, Ama baissa la tête vers lui, le visage empreint non pas de peur, mais de mépris. C'est alors qu'Io prit conscience qu'elle était plus grande que l'Archer. Plus grande que les habitants du village en vérité, à l'exception de Yuna et Nian. Pour la toiser, l'homme devait lever les yeux vers elle, ce qui, au vu de son expression, le plongeait dans un agacement à peine contenu.

— Tu fais la forte tête on dirait, hein ? poursuivit-il d'un ton qui se voulait provocant. Continue. Le Maître en a déjà maté, des comme toi. Il va t'apprendre le respect que tu nous dois.

Ama ne souleva pas même un sourcil devant les menaces de l'Archer, et Io sentit l'admiration poindre en elle. Jamais, en dehors de la pauvre jeune fille qu'il avait tuée, elle n'avait vu une femme tenir tête au chasseur d'une manière aussi abrupte. Toutes, elle la première, affichaient toujours une attitude humble, la tête basse, en espérant passer inaperçues. Susciter la colère d'un des hommes du village, c'était s'exposer à de graves représailles. Affronter l'Archer ou le Maître était synonyme de mort. Elle ne comptait plus celles qui revenaient ensanglantées, les mains écorchées, le visage tuméfié, les vêtements en lambeaux, pour n'avoir ne serait-ce que refusé une tâche trop ardue, de porter un fardeau trop lourd, repoussé des avances insistantes un jour de saignement. Ici, les époux régnaient sur leurs épouses et leurs filles. Les femmes asservies comme elles, étaient, tel du bétail, la propriété des hommes du village. C'était ainsi. Io n'avait connu que cela, depuis qu'elle avait perdu ses parents et, bien que cela lui semblât injuste, jamais elle n'aurait osé remettre en cause l'ordre établi. Quant aux quelques hommes réduits en esclavage, aux travaux de force et aux besognes ingrates, comme creuser les fosses d'aisances ou remplacer les pieux de palissade, ils ne devenaient jamais assez vieux pour protester. Leurs corps usés finissaient aussi dans les fosses abandonnées. Certains soirs, dans le noir, Io aurait tout donné pour que ce cauchemar prenne fin. Elle ne savait qui prier pour cela. Elle avait perdu toute foi en la Mère, vu ce qui était arrivé à Na, et le Guerrier ne la concernait pas. Pour elle, les cieux, autant que la terre, étaient vides.

Lorsqu'ils atteignirent la maison du Maître, elle s'attarda sur l'immense poteau qui ornait l'entrée, décoré des symboles des ancêtres. La Mère y tenait bonne place, mais c'était surtout le Guerrier, dont les gravures comportaient haches de pierre et dagues de silex, qui s'affichait en grandes silhouettes sculptées. La présence de la divinité martiale démontrait sa puissance sacrée, valeur plus importante que toutes les autres dans le monde clos du village. Ces êtres surnaturels ne pouvaient rien pour elle. On lui avait répété que la seule façon d'échapper à cette condition abjecte, c'était d'enfanter, pour devenir une épouse. Ainsi, affranchie des tâches les plus difficiles, elle pourrait reprendre une place normale dans l'ordre des choses, à condition bien entendu qu'elle abandonne son enfant au Maître. C'était précisément ce qui avait causé la perte de Na. Io, elle, refusait ne serait-ce que d'y songer. Tout aurait été bien pire avec un bébé grandissant dans son ventre, elle en était persuadée. Cette perspective la fit tressaillir tandis qu'elle franchissait la porte de la large habitation.

À l'intérieur, comme toujours, les épouses se tenaient toutes à l'écart dans un coin, leurs enfants non loin d'elles. Sur son fauteuil, le Maître découpait d'épaisses tranches de viande séchée et les engouffrait les unes après les autres, en jetant les morceaux qu'il jugeait moins bons dans le foyer. La graisse faisait crépiter les flammes, ce qui répandait une odeur écœurante, âcre, dans tout le foyer. Io songea qu'avec ce que le Maître considérait comme des déchets, elle aurait pu nourrir convenablement les femmes de sa maisonnée. À ses pieds, le grand chien qu'il entretenait lui lançait des regards empreints d'envie alors que la bave coulait en filets transparents le long de ses babines.

Il cessa son manège à l'arrivée d'Ama. Il se redressa, appuya ses coudes contre le bois épais et se pencha en avant pour mieux la détailler. Ses yeux glissèrent sur la nouvelle venue, de ses pieds sanglés dans ses bottines de cuir souple à ses hanches épanouies pour enfin rencontrer son farouche visage. Un sourire carnassier se peignit sur ses traits. Sans le vouloir, Io recula d'un pas, pour tenter de se fondre dans les ombres.

— Elle a un nom ? demanda-t-il à l'Archer.

L'autre haussa les épaules avant de se tourner vers la jeune femme qui, à présent, se tenait tête baissée. Il lui colla une bourrade dans les côtes, qui ne lui arracha pas même un cri.

— Tu dois le savoir, toi, puisque tu la fréquentes, lui asséna-t-il. Réponds !

— Ama... dit-elle dans un souffle presque inaudible.

— Parle plus fort, Io, lui demanda le Maître de son ton traînant. On dirait toujours une biche aux abois, celle-ci... C'est ce que j'aime chez elle.

Il éclata d'un rire rauque, suivi par le sourire faux qui déchira le visage de l'Archer.

— Je m'appelle Ama, déclara la voix claire de la chamane, rompant l'hilarité. Je n'ai pas besoin qu'on parle à ma place.

Io lui lança un regard où se lisait une terreur pure. Aucune femme, même parmi les épouses, ne s'adressait au Maître de la sorte.

— Qui t'a autorisée à ouvrir la bouche ? fulmina le chasseur à leurs côtés.

Il s'avança, le bras levé vers l'étrangère pour la frapper.

— Laisse-la ! Ama... prononça le Maître les yeux mi-clos comme ceux d'un félin. Approche.

Il fit signe à la grande femme de venir devant lui, et la crainte reflua dans la gorge d'Io, qui ne parvint pas à hurler à Ama de ne pas obéir. Aucun son ne franchit ses lèvres et elle la contempla, la tête toujours haute, gagner le bord de l'assise sur laquelle l'homme, certain de sa supériorité en ces lieux, la toisait.

— N'as-tu donc pas peur, Ama ? lui demanda-t-il.

Il saisit une de ses longues tresses entre ses doigts, ce qui fit tinter au passage les perles d'os dont elle était parée.

— Peur de quoi ? lui répondit-elle. Les loups et les ours ne m'inspirent aucune crainte, mais au contraire un profond respect par leur nature et leur force. Toi, tu ne m'inspires ni l'un ni l'autre.

Dans son petit coin obscur, Io étouffa un gémissement dans le creux de ses paumes. Le Maître ricana.

— On m'a pourtant raconté, poursuivit-il, que tu es arrivée ici inconsciente. Et surtout, seule. Je te présente d'ailleurs mes regrets pour la mort de ton chef.

Cette fois, la chamane frémit. Le Maître sut qu'il avait visé juste. Celui que l'Archer avait tué était son compagnon. Qu'il serait facile d'utiliser cette information pour la plier à sa volonté !

— Je comprends que tu n'as pas l'habitude de tels traitements, en tant qu'épouse de chef. Seulement, désormais, c'est terminé. Il faut donc que je t'apprenne une chose...

Sans crier gare, il tira avec violence sur les cheveux de la femme, lui arrachant un hurlement de surprise et de douleur. Elle ploya le genou sous son regard satisfait.

Io ferma les yeux et recula. Elle ne voulait pas assister à ce qui allait suivre.

— Reste ici, toi, lui asséna l'Archer, en l'empoignant par le coude. Regarde, tu pourras raconter ça à toutes tes compagnes. Ça leur servira d'exemple.

Le Maître avait saisi la femme par le dessus de la tête et, de toute la force de ses bras musculeux, lui fit courber l'échine devant lui. Il maintint son bras plié dans une position douloureuse, qui arracha des larmes à la chamane. Interdite, Io se cachait les yeux avec les doigts, malgré les invectives du chasseur qui la tenait par les épaules. Face à eux, l'homme redressa Ama et la regarda dans les yeux, son visage presque collé au sien, et il lui souffla son haleine en plein nez. Il se saisit de la dague de silex qui pendait à sa ceinture, la lui montra avec ostentation, juste pour se délecter de la lueur de panique qui brillait dans ses pupilles humides. D'un geste vif et sec, il trancha les lacets qui fermaient sa tunique de peau, dénudant sa poitrine et ses épaules.

— Tu n'es pas de première fraîcheur, déclara-t-il avec une moue dégoûtée devant sa peau exposée, mais tu restes tout de même indisciplinée. On dirait une pouliche sauvage. Comme tous les animaux de ce village, je te dompterai.

Il continua à se moquer d'elle, tandis qu'il découvrait son buste, alors qu'elle n'opposait plus aucune résistance. Io aperçut les larmes amères qui roulaient sur les joues de la chamane désemparée.

— Tu vois, je ne suis ni loup ni ours, lui susurra-t-il à l'oreille. Je suis bien pire que ces prédateurs-là. Désormais, je serai celui à qui tu obéiras sans faillir, comme tu le faisais auparavant pour celui qui partageait ta couche de sauvageonne. Plus encore même. Tu me respecteras, et combleras mes moindres désirs. C'est ainsi que l'on vit ici. Les femmes servent. Les hommes commandent. Est-ce que c'est assez clair pour ton esprit étriqué ?

Il se redressa et leva la main pour la gifler. Le son sec claqua dans la pénombre de l'habitation, ce qui fit sursauter Io. Les pleurs étouffés d'un nourrisson déchirèrent le silence, que l'une des épouses s'empressa de porter à son sein pour le faire taire. L'homme tira Ama en avant pour la forcer à se relever. Sa tunique pendait lamentablement sur ses hanches, seules ses jambes demeuraient couvertes de ses guêtres de peaux.

Elle ne frissonna pas, n'esquissa même pas un geste pour dissimuler sa poitrine par pudeur. Elle resta là, debout, le regard humide, mais encore plein de défi, face à celui qui la martyrisait.

Bien que remplie d'inquiétude, Io ne pouvait s'empêcher d'admirer l'étrangère, si grande, si vaillante, après tout ce qu'elle avait traversé. Était-ce du courage ou bien l'expression de son désespoir ? Cherchait-elle à rejoindre le monde des morts, après avoir perdu tout ce qui lui était cher ?

À ces questions, la jeune fille n'eut pas de réponse.

Alors que le Maître s'avançait à nouveau la main en l'air vers la chamane, une voix forte retentit à l'orée de la maison :

— NON !

Chapitre 9 – AMA

L'homme suspendit son geste tandis qu'un rictus de contrariété se peignait sur ses traits. Il suivit des yeux l'Esprit, qui les rejoignait. Tous se retournèrent pour contempler l'arrivée du vieillard, encore leste malgré les ans qui grisonnaient ses tempes. Vêtu d'une longue cape en fourrure de loup qui coulait jusqu'à ses pieds, la tête ornée d'un massacre de cervidé, il s'approcha. Les os de la parure qui pendait à son cou ridé tintèrent dans le silence soudain.

À moitié nue, Ama se retourna, elle aussi. La lueur des flammes faisait onduler les arabesques dessinées sur sa peau scarifiée comme autant de serpents dans leur nid. L'Esprit se planta entre la femme et le Maître, et l'autorité qui émanait de sa personne força l'homme auquel il faisait face à reculer.

— Tu tombes mal, grinça ce dernier, j'allais apprendre à cette sauvage comment les choses se déroulent, chez nous. Il faut l'instruire, sans cela elle n'obéira pas. Tu sais comment sont ces femelles…

— Tu n'éduqueras pas celle-ci, en tout cas, l'interrompit le doyen.
 La bouche du Maître s'arrondit en un cri de protestation muet.

— Que veux -tu dire par là, vieil homme ?

— Ce que je dis. Es-tu donc si aveugle ?

Il désigna d'un geste de sa large main osseuse les cicatrices tracées à même l'épiderme de la chamane. Sentant le vent tourner en sa faveur, celle-ci redressa fièrement le menton et remua les épaules pour faire jouer la lumière sur les spirales qui les ornaient. Ce fut comme si les flots de la tumultueuse Grande-rivière roulaient sous sa peau, esquissaient des ombres et dessinaient des vallées profondes sur ses bras et son cou.

— Vois. C'est une chamane. Elle est de ma caste. De ma sorte, déclara l'Esprit. T'en prendre à elle, c'est prendre le risque de contrarier les ancêtres. Peut-être la Mère elle-même. Et alors, tu ne veux pas savoir ce qu'il adviendra des récoltes ni des femelles gestantes...

La menace vibra un instant dans les airs, presque palpable.

— Celle-ci, une chamane ? railla le Maître. Allons, tu ne sais plus ce que tu dis, vieillard ! Les clans de sauvageons qui peuplent ces terres ne savent rien faire : ni cultiver la terre pour en recueillir les bienfaits ni mener les animaux à la pâture, encore moins ériger des maisons ! Comment un peuple aussi fruste, qui vit de façon nomade, pourrait-il posséder des chamanes ? Tu vas me dire aussi qu'ils comprennent le langage des ancêtres peut-être ?

Io, la bouche ouverte sous le coup de la surprise, ne pouvait détacher les yeux d'Ama. Cette dernière sentit son regard peser sur elle, et elle lui adressa un petit sourire imperceptible qui la fit rougir jusqu'aux oreilles. La naïveté de la jeune fille frappa la chamane qui se retint de rire. Elle reporta son attention sur les deux hommes qui, tout proches d'elle, se défiaient désormais face contre face. Qui, de celui qui dirigeait le village ou de celui qui, visiblement, parlait aux esprits, remporterait ce duel dont elle était le trophée ?

Cette perspective désagréable de n'être qu'une chose pour laquelle deux hommes se battaient, comme un morceau de viande ou une lame de silex, la révulsa. Sous le coup de la colère et de l'anxiété, le sang pulsait à ses tempes douloureuses. Certes, le vieil homme lui avait sans doute évité de se faire battre par celui qui se prétendait le Maître, et pour cela, elle aurait dû éprouver de la reconnaissance. Pourtant, au fond d'elle-même, tout ceci la révoltait. Ces hommes dirigeaient, humiliaient les femmes, les frappaient et en usaient pour leur bon plaisir, tandis qu'ils profitaient du fruit de leur labeur. Une telle inégalité lui paraissait inconcevable. Dans le clan, chacun faisait sa part sans distinction de sexe ou de condition. Lorsque l'un d'entre eux présentait des dispositions pour la chasse, pour la pêche ou pour la cueillette, alors, il accomplissait plus volontiers cette tâche. Idem pour les personnes qui savaient traquer le gibier, ou qui suivaient les troupeaux. Celles qui taillaient des lames de pierre, plus habiles de leurs doigts, ou ceux qui façonnaient mieux les paniers et les nattes. Celles qui pouvaient courir longtemps sur le plateau sans jamais se fatiguer et porter de lourdes charges, ou encore ceux qui, comme elle, possédaient la capacité de parler avec la Déesse et les Esprits. Dans un autre sens, il ne serait venu à l'idée de personne de laisser exclusivement à l'un ou l'une d'entre eux l'accomplissement de toutes les corvées. Même pour les plus ingrates, comme creuser les fosses d'aisances, dépecer les carcasses ou vider les ordures, chacun faisait sa part. Hommes, femmes et enfants ressentaient alors leur appartenance profonde à un seul peuple, tel un organisme unique, entier, vivant.

Ama se remémora encore une fois les paroles du vieux Ybn. Ces gens étaient vraiment de la moisissure sur un fruit trop mûr, avait-il dit. Il avait raison et elle, oui, elle avait été bien naïve de croire qu'ils pourraient coexister. Plus qu'un simple parasite, ils étaient au contraire comme un mal insidieux, invisible, et qui se répandait plus vite qu'un feu de broussailles en été.

— Tu ne peux pas la conserver pour toi, continua l'Esprit, la ramenant à la réalité de sa situation. Je dois la prendre à mes côtés et vérifier les dons qu'elle possède. Elle peut nous apporter des satisfactions bien plus grandes que celles de chauffer ta couche les nuits d'hiver !

— Que peut donc nous procurer une de ces sauvages, sinon la force de ses bras pour cultiver nos champs et moudre notre grain, et celle de sa matrice pour porter des enfants ? C'est tout ce à quoi elles sont bonnes ! Celle-ci est plus rétive qu'une brebis allaitante. Elle doit apprendre le respect !

— Je t'ai dit non. Ce n'est pas moi qui parle, mais nos Ancêtres. Le Guerrier et la Mère ont besoin de cette femme.

Le Maître serra les poings de rage contenue. Il ne pouvait agresser l'Esprit, le contre-pouvoir du village. D'une part, il craignait les retombées mystiques et la magie obscure du vieillard. D'autre part, les habitants le considéreraient comme maudit et ce serait la fin de son règne. Un sourire mauvais éclaira pourtant sa face, signe qu'il venait de trouver une idée.

— Si c'est là tout ce que tu souhaites, je peux t'échanger la femme contre ceci.

Il se pencha pour fourrager dans de larges paniers derrière son assise et en sortit un morceau de peau élimée, qui semblait dissimuler quelque chose de dur. Le sang d'Ama se glaça en reconnaissant le paquet. C'était celui qui contenait sa Déesse ! On le lui avait bel et bien volé et voilà qu'il réapparaissait entre les mains poisseuses de cet homme détestable. Il souillait son caractère sacré. Elle le regarda avec dégoût déballer la petite statuette et la brandir devant son visage. L'Esprit la contempla, incrédule, pendant que les souvenirs assaillaient Ama. Elle revoyait son foyer doux et chaud, le sourire de Bec, son torse dénudé sur lequel les flammes projetaient les courbes larges de la Déesse. Les larmes lui montèrent instantanément aux yeux, quelque chose se brisa encore et encore à l'intérieur de sa poitrine. Elle suffoqua, la vision brouillée, mais demeura debout. Pas question de montrer la moindre faiblesse devant cet homme ignoble.

— Donne-moi ça. (La voix vibrante de colère sèche, l'Esprit tendit une paume décharnée vers la figurine.) Cela ne peut demeurer en ta possession.

— Et pourquoi pas ? Ce n'est pas la Mère en personne que je sache, juste une représentation naïve, sacrilège, de ce que ces sauvages tiennent pour une déesse ! Il n'y a aucun pouvoir là-dedans, aucun esprit ne l'habite !

— Tu ne sais rien de la puissance de cette statue ! Rien de la Mère et des Ancêtres !

— Au contraire, je sais qu'ils protègent ma maison. Le Guerrier me favorise, ce qui fait de mon foyer le plus puissant du village. C'est bien ce que tu m'as assuré, quand l'on a planté le poteau sacré devant ma porte, avec tous les nôtres pour témoins. Tu vieillis certes, mais tu t'en souviens, n'est-ce pas ? Ou alors...... Reviendrais-tu sur tes paroles, l'Esprit ? Si les desseins des ancêtres ont changé, tu ferais mieux de me le dire...

Piégé, le vieil homme se mordit la lèvre, et Ama craignit un instant qu'il ne capitulât.

— La protection de la Mère et du Guerrier te quittera si tu portes la main sur cette femme, siffla-t-il entre ses dents. Cela, je te l'assure.

Le chaman brandit ses bras au-dessus de sa tête, les bracelets de serpentine verte qui enserraient ses poignets claquèrent contre ses os saillants. Le geste grandiloquent fit frémir tous les présents, et même l'Archer recula dans les ombres. Les flammes dessinaient sa silhouette surmontée des ramures de cerf sur les murs, lui conférant une allure irréelle, menaçante. Dans l'obscurité de la maison, il se transformait en un être hybride, empreint de magie, redoutable. Ama admira cette mise en scène et comprit que cet homme était craint, et que sa maîtrise des illusions semblait grande.

— Je l'emmène avec moi, et c'est sans discussion possible. Elle vivra avec les autres, participera aux travaux, me servira en priorité. Dès que je l'appellerai, elle devra venir, et nul, je dis bien nul... (il jeta un coup d'œil glacial à l'Archer qui se recroquevilla encore plus). Nul ne devra jamais porter la main sur elle. Si c'est le cas, je le saurai, et la colère des Ancêtres sera terrible. Rhabille-toi, lança-t-il à la chamane, et suis-moi, tu n'as plus rien à faire ici.

Elle ne se fit pas prier pour réajuster tant bien que mal sa tunique abîmée et, sans un regard pour le Maître qui écumait de rage, elle emboîta le pas à l'Esprit.

— Très bien ! hurla le Maître la voix vibrante de colère. Dans ce cas, je garde la statuette !

Il la brandit au-dessus de sa tête en éclatant d'un rire tonitruant. Le chien, surpris par le bruit, aboya. Derrière Io, l'Archer lui aussi émit un rire guttural, ce qui la fit trembler de tous ses membres. Ama se retourna vivement, sentit une haine brûlante remonter le long de son échine. Ses yeux lançaient des éclairs terribles sur le Maître, comme si elle avait pu le tuer par la seule force de sa pensée.

L'homme n'en eut cure et, d'un geste sec, il jeta la figurine contre l'une des pierres aiguës du foyer. La terre cuite éclata en une myriade de morceaux, le bruit claqua dans les oreilles d'Ama comme un coup de tonnerre. Elle allait se précipiter vers les restes de la déesse pour les ramasser lorsque l'Esprit la retint par le coude. Étonnée par la force qui résidait dans les bras maigres du vieil homme, elle n'insista pas. Plus loin, elle vit Io, interdite, qui la contemplait avec désespoir. Serrant les poings tout contre elle, les yeux rougis par les larmes brûlantes, Ama se fit à elle-même un serment. Le Maître pouvait bien briser la statue, cependant, une chose était sûre : il ne la briserait pas, elle.

Elle avait enfin trouvé un sens à sa survie dans ce village de malheur.

Le froid glacial de la nuit mordit sa chair exposée. Elle rabattit tant bien que mal les pans de son vêtement contre sa peau nue et suivit l'homme à la ramure de cerf à travers l'esplanade vide, jusque chez lui. Son habitation ne différait guère de celle du Maître, elle était juste beaucoup plus petite. En lieu et place du poteau orné de symboles, des ossements divers cliquetaient sinistrement dans le vent, suspendus dans les ténèbres. La chamane devina que le vieillard vivait seul et maintenait une distance respectable avec ses semblables, tant pour conserver sa tranquillité que pour asseoir son influence. Encore une ruse efficace, songea-t-elle. Venant de celui qui parlait aux esprits, cela n'avait rien de surprenant, mais elle se fit la réflexion que la vérité et la sincérité semblaient tenir une place bien faible au sein de ce peuple. Déguisaient-ils tous ainsi leur nature profonde sous des masques empruntés à d'autres ? Chacun jouait un rôle, comme dans les fables et les récits que les siens se racontaient parfois lors des grands rassemblements, avec force pantomimes. Perdue dans ses pensées, elle retrouva la réalité grâce à un chuintement strident. Elle jeta un regard étrange au vieillard avec, entre ses lèvres, un curieux sifflet ménagé dans un os de brebis. Il sourit devant son air intrigué et l'objet retomba sur les breloques qui pendaient à son cou.

— Entre donc, sinon tu vas geler sur place ! Cette nuit, une bise noire s'est levée... Heureusement qu'on m'a prévenu que le Maître t'avait appelée.

— Je n'apprécie pas vraiment que tu me siffles, grogna Ama. Puis-je savoir qui est ce « on » ?

L'homme se contenta de lui sourire et pénétra dans sa maison.

Toujours sur la défensive, Ama baissa la tête pour éviter de se cogner au chambranle. Le toit de chaume, les murs bas en torchis, rien ne paraissait distinguer la demeure du chaman des autres, vue de l'extérieur, hormis son étrange décoration funèbre. À l'intérieur, il en allait tout autrement. Ama écarquilla les yeux, avant de s'asseoir sur une longue natte de jonc que l'homme lui désigna. Autour d'un foyer très large, encadré de lourdes pierres plates, d'autres nattes ainsi que des tabourets jonchaient le sol. Aux murs, des bâtons de bois, retenus par des cordes de fibres tressées, s'habillaient d'une multitude de plantes et de champignons séchés. La chamane en identifia certains au premier coup d'œil : millefeuille, herbe percée[11], cornes noires, chanterelles... et d'autres qu'elle ne distinguait pas dans l'obscurité. La fumée s'évacuait en volutes concentriques par la toiture, parfumant l'atmosphère agréable d'un léger effluve de bois brûlé. Ama sentit ses muscles contractés se relâcher quelque peu, ce qui soulagea le bas de ses reins. La peur et la colère surnageaient toujours dans ses entrailles, bouillonnantes comme une eau turbide. Briser la Déesse était un pur sacrilège, une offense terrible. Et Ama vengerait cet affront autant que la mort des siens.

— Tiens, lui dit l'Esprit (il lui tendit un long lacet en nerf de cervidé). Pour fermer ton habit.

Elle jeta un œil aux pans de sa tunique découpée par le Maître, qui pendaient encore lamentablement sur ses seins. Elle le remercia d'un regard toujours méfiant, avant de passer le vêtement par-dessus sa tête et de commencer à le réparer. En face, le vieil homme ne sembla pas se troubler à la vue de son corps nu.

— Tu avais cette statue sur toi. J'ai lu sur tes traits qu'elle avait une immense importance. Je ne me suis donc pas trompé, tu es bien la chamane de ton peuple, n'est-ce pas ?

---

[11] Millepertuis.

Tout en raccommodant son vêtement, Ama hocha la tête. Elle demeurait sur ses gardes malgré le geste de l'Esprit qui lui avait sans nul doute épargné une nuit de souffrances. Elle commençait à comprendre que ceux des Longues-maisons ne faisaient rien par simple bonté. Si celui qui parlait aux Ancêtres pour ce village l'avait sauvée, il avait sans doute une idée derrière la tête et elle ne lui donnerait aucune information avant de savoir à quoi s'attendre.

— Tu te méfies de moi... finit-il par laisser tomber devant le silence qui s'éternisait entre eux.

— Comment peut-il en être autrement ? lui lança-t-elle, le regard empli d'amertume. Les tiens ont massacré les miens, m'ont emprisonnée pendant des jours, avant de m'humilier et de me traîner devant celui qui prétend être votre chef.

— C'est ce qu'il est en effet.

— Et de ce que j'ai compris, tu n'es pas étranger à son ascension, cracha-t-elle. Comment faire confiance à quelqu'un qui laisse advenir de telles choses, qui, peut-être, les a encouragées ?

Le vieil homme afficha une expression indéchiffrable pour dissimuler sa surprise.

— C'est la volonté des Esprits...

— Ne me prends pas pour une écervelée, le coupa-t-elle. Tu t'en mordrais les doigts.

— Je te remercie pour cet avertissement, mais ce n'était pas mon intention. Je souhaitais simplement en apprendre plus sur toi et sur ton peuple. Si tu parles aux Esprits, nous avons sans doute plus de points communs que tu ne le crois. Écoute, j'ai une proposition à te faire.

Ama croisa les bras devant sur sa poitrine et patienta, toujours sur ses gardes.

— Pour ce soir, tu restes dormir ici. Il est trop tard et il fait trop froid pour que tu regagnes, seule, la maison des femmes. Et puis... (Il jeta un œil prudent vers la porte de bois.) Je pense que l'Archer doit t'attendre, là dehors. Tu seras plus en sécurité si tu loges avec moi. Demain, tu pourras rejoindre tes compagnes et travailler. Je te surveillerai, j'ai des yeux et des oreilles partout, ici. Dès que je le jugerai bon, je t'appellerai et tu m'assisteras dans mes devoirs.

Toujours renfrognée, Ama ne répondit rien.

— Crois-moi, lui indiqua le chaman, tu seras bien mieux auprès de moi. Le travail est moins pénible, tu pourras exercer ton art et tu seras... épargnée par certaines corvées qui, pour les femmes comme toi, n'ont rien de réjouissant.

Elle pesa longuement le pour et le contre, cherchant à quoi pouvait bien correspondre les services auxquels le vieillard faisait allusion. Elle ne parvenait pas à se représenter autre chose que les tâches basiques propres à la survie de tous. La fatigue ralentissait ses capacités de réflexion, ses paupières, rougies par les larmes, semblaient peser de plus en plus lourd. Elle estima qu'au moins pour cette nuit, elle ne risquait rien à demeurer avec le vieil homme. Elle pourrait même, au fil du temps, mettre la main sur quelques outils bien utiles, ou sur certaines plantes qui l'aideraient à accomplir son dessein. Oui, pour le moment, elle se trouvait dans une position plus avantageuse que la nuit précédente, isolée dans cette maison nue. Le vieillard semblait tout aussi suffisant que celui qui se faisait appeler le Maître. Il la traitait comme une enfant, une inférieure, alors qu'elle était pourtant son égale. Elle ravala la colère qui rampait toujours dans sa gorge et avisa un récipient rempli d'un gruau épais qui bouillottait sur l'une des grandes pierres chaudes. Elle s'en approcha, souleva le couvercle de bois et remua le contenu. Une douce odeur légèrement sucrée se répandit dans la maison à travers la buée qui s'échappait.

— Donne-moi donc ton bol, lui demanda-t-elle en tendant la main, que je te serve.

Un large sourire étira les lèvres sèches de l'Esprit, et elle le lui rendit avec circonspection. Gagner la confiance du chaman s'avérerait sans doute facile, estimait-elle. Cela pourrait grandement servir son désir de vengeance. D'abord, se fondre comme une ombre au milieu des ombres. Ensuite, elle frapperait, de n'importe quelle façon.

Chapitre 10 – Io

Le plafond de chaume grisâtre n'avait pas changé. Les yeux grands ouverts sur sa couche, Io contemplait sans bouger les larges poutres de bois noirci. Dehors, une aube pâle se levait, et Ama n'était toujours pas là. Toute la nuit, la jeune fille avait guetté l'arrivée de l'étrangère, persuadée qu'elle les rejoindrait pour dormir. Cette dernière ne s'était pas montrée, et Io avait fini par sombrer dans un sommeil agité.

Le matin la trouva les yeux brûlants de fatigue. Elle se tourna pour contempler les autres femmes qui commençaient à se lever. An, comme chaque jour, se plaignait de ses douleurs. Mains, dos, hanches... tout la faisait souffrir. Dans leur coin, contre le mur épais, Yuna et Nian s'éveillaient elles aussi. Elle poussa un soupir à fendre l'âme, rejeta les fourrures et s'assit en tailleur, fourrageant dans son épaisse chevelure brune. Elle frissonna lorsque le froid de l'air ambiant caressa ses bras nus, ce qui la força à enfiler sa tunique bien vite. Elle décida de prendre le temps, pour une fois, de démêler ses cheveux. Les autres n'avaient qu'à s'occuper de raviver le foyer. Une profonde lassitude gagnait ses membres, elle en avait assez de toujours tout faire pour les autres, sans que rien lui soit donné en retour. Qui s'occupait d'elle, de son bien-être ? De savoir si elle avait faim, froid ou soif ? Personne. Bien qu'entourée de femmes, de babillages et d'enfants, elle était seule. L'amer constat lui fit monter les larmes aux yeux tandis que les dents du peigne en os démêlaient ses longues mèches.

— Tout va bien, Io ?

La voix de Yuna la fit sursauter et elle lui lança un regard empli de tristesse.

— Pas trop, murmura-t-elle. Mais c'est gentil de me le demander. Merci.

— Tu sembles épuisée, déclara la femme qui s'assit à ses côtés.

— J'ai peu dormi, c'est sans doute pour cela.

L'autre acquiesça et, d'autorité, elle lui prit le peigne des mains avant de la coiffer comme Io l'avait vu si souvent faire avec sa propre fille. Ce simple geste d'amitié désintéressé lui réchauffa le cœur. Elle ferma les yeux et, un instant, elle entrevit une once d'espoir dans son morne quotidien, comme une lueur ténue. Si toutes les femmes s'entraidaient, se soutenaient... Elle se demanda si elles n'étaient pas plus nombreuses que les hommes, dans le village. Oui, si seulement, toutes, elles s'unissaient, peut-être même avec les épouses, contre les mauvais traitements et l'hégémonie masculine, alors... Elle ferma les yeux, une douleur plus forte crispa son ventre, une douleur accompagnée d'un immense chagrin. Cela n'adviendrait jamais. Les hommes étaient trop forts.

L'agitation gagna soudain l'habitation, telle une vague de murmures qui lui parvint en écho, et elle ouvrit les yeux. Sur le pas de la porte, une longue silhouette, souple, féline se découpait. Abandonnant Yuna, Io se leva précipitamment et courut vers la nouvelle venue.

— Ama ! lui cria-t-elle. Je suis si contente de te voir !

La chamane lui adressa un petit sourire en coin, surprise de cette soudaine effusion.

— Où étais-tu, cette nuit ? Tu n'as quand même pas dormi dehors ? s'inquiéta-t-elle.

Elle lui tourna autour comme pour vérifier qu'elle n'avait subi aucun mal, mais l'étrangère y mit vite un terme d'un geste agacé.

— J'ai dormi chez l'Esprit, enfin, que crois-tu ?

La sécheresse dans la voix arrêta Io dans son examen et elle se sentit soudain stupide, autant de ne pas y avoir songé plus tôt, que d'avoir attendu toute la nuit cette femme qui lui témoignait une telle froideur. Pourquoi son cœur s'emballait-il en sa présence ?

— Oui, bien sûr, chez l'Esprit, murmura-t-elle. Pardonne-moi, je... Je m'inquiétais.

— Ce n'est pas grave, lui répondit Ama d'un ton plus égal. Je demeurerai avec vous à présent, à ce que j'ai compris. Si tu veux bien, montre-moi ma couche.

— Nous... enfin, je t'ai aménagé un petit coin, là-bas.

Elle lui désigna du plat de la main un tas de fourrures et de couvertures de laine disposées sur l'une de ces larges nattes de jonc tressé qui semblait recouvrir les sols de toutes les habitations du village. La couche se trouvait bien loin du foyer principal, alors que d'autres se plaçaient plus près du feu, et donc, de la chaleur, et la jeune femme en éprouva un sentiment de culpabilité.

— Vraiment désolée, lui dit-elle d'un air contrit. Ici, tu sais.... Premières arrivées, premières servies.

Elle contempla la chamane qui haussait les épaules pour signifier que cela importait peu. Io avait conscience qu'il s'agissait là encore d'une façon peu subtile d'instaurer une hiérarchie, même au sein des esclaves, et de signifier que les anciennes avaient droit à certains privilèges. Les inégalités criantes qu'elle tentait d'ignorer jusqu'alors paraissaient s'amplifier en présence de la chamane et lui sautaient désormais aux yeux.

— Cela m'est égal, déclara Ama avec amertume. Je n'ai pas l'intention de m'installer.

— J'ai fait ce que j'ai pu... lui expliqua Io avec un pâle sourire. Je te prêterai ce qu'il te manque le temps que tu puisses tout fabriquer toi-même. Heureusement, c'est la saison froide et nous avons peu de tâches à accomplir en extérieur, cela devrait t'occuper, d'autant que la nuit tombe vite...

— Ce n'est pas grave, répéta la chamane. Merci.

Ama la suivit, écoutant à peine son babillage. Lorsqu'elles passèrent devant Yuna, elle s'arrêta d'un coup, stupéfaite.

Elle contempla, incrédule, le visage de la vieille femme avant de s'accroupir sans crier gare devant elle. Elle lui saisit les mains avec force, tandis que les larmes ruisselaient sur la peau ridée de la cheffe de la Grande-conque.

— Par la Déesse, murmura Ama, ce n'est pas possible...

— Ama, chevrota l'autre, oh, Ama, est-ce bien toi ?

Sous le regard sidéré d'Io, elles tombèrent dans les bras l'une de l'autre et se mirent à pleurer sans aucune retenue. Gênée, la jeune fille, toujours debout, ne savait que faire. Un curieux sentiment d'exclusion se fraya un chemin jusqu'à sa gorge qui se serra. Ainsi, les deux femmes se connaissaient. Étaient-elles du même clan ? Sans qu'elle parvienne à mettre un nom sur ses émotions, Io sentit que cela la dérangeait, bien qu'elle soit incapable de comprendre pourquoi.

— Ce n'est pas possible, pas possible, continuait à psalmodier la chamane, le regard brouillé par les pleurs, l'air perdu.

— Ama, prononça la vieille femme. Si tu savais... Nian est ici aussi.

— Nian ? Ta fille ? Mais comment... ?

— Écoute, débita rapidement Yuna. Ils nous ont prises par surprise, alors que nous nous rendions à la rivière pour nous laver. Nous étions si... (Les mots se figèrent dans sa gorge.) Tu dois rester prudente, très prudente... Ils... Ils ont tué Ania.

Elle acheva sa phrase dans un souffle, renifla, avant de laisser retomber sa tête, épuisée, contre l'épaule robuste de la chamane aux cheveux gris. Elle faisait face depuis bien trop longtemps, alors qu'en elle tout n'était plus que ruines. En face, Ama ne broncha pas, figée telle une stalactite de glace, par la brutalité de la nouvelle.

— Et Ala ? réussit à articuler la vieille femme meurtrie. Est-elle... ?

— Je ne sais pas, Yuna. J'ai le vague souvenir de la voir s'enfuir avec Ian, mais... Je ne sais pas.

Les mots terribles ayant franchi ses lèvres, elle se remit elle aussi à pleurer en silence, mêlant sa peine infinie à celle de son amie.

Io en profita pour s'agenouiller près d'elle et, alors qu'elle allait effleurer son épaule dans un geste de réconfort, un courant d'air gelé pénétra l'habitation.

Aussitôt, toutes les femmes présentes se levèrent d'un bond, à la recherche de leurs outils, de leurs aiguilles ou d'une tâche à accomplir. La sombre silhouette de Celle-qui-commande se détacha dans l'angle de la porte. Elle jeta un regard aux alentours, alors que toutes baissaient la tête, soudain absorbées par leurs pieds, leurs ongles ou tout autre chose qui leur permettait de ne pas la regarder.

Son regard plus dur que le granit se posa sur le petit groupe de femmes agenouillées et elle se dirigea vers le trio d'un pas martial.

— Qu'est-ce que vous fichez ? Io ! aboya-t-elle.

La jeune fille se leva précipitamment et évita de justesse de donner un coup de genou à Ama. La chamane se redressa à son tour et toisa de toute sa hauteur la cheftaine qui venait de faire irruption. L'autre, furieuse de devoir lever les yeux, se campa devant elle, mains sur les hanches.

— C'est donc toi, la nouvelle venue ! cracha-t-elle comme un serpent furieux. On m'a prévenue, tu es une forte tête. Pas de ça avec moi. Tu vas travailler comme tout le monde ici !

Son ton dur masquait cependant difficilement son malaise face à une femme bien plus grande qu'elle, au port fier. Pour la première fois de toute sa vie, Io crut percevoir un éclair de crainte chez Celle-qui-commande et cela lui réchauffa le cœur. Un sourire narquois déchira le visage d'Ama. Elle se contenta de croiser les bras devant sa poitrine. L'autre prit cela pour de la provocation. Elle leva une main dans sa direction pour frapper, mais la chamane, plus agile, n'eut qu'à reculer d'un pas pour éviter le soufflet.

— Tu as l'air d'avoir pris la méchante habitude de lever la main sur les femmes ici présentes, grinça-t-elle en balayant l'assistance d'un revers de main. Je t'avertis, tu ne le feras pas avec moi.

Rouge de colère, l'autre ravala l'insulte qui lui montait aux lèvres, puis, après un temps de réflexion, se pencha vers Ama avec un rictus sournois.

— Oh, je suis au courant ! Tu crois que la protection de l'Esprit te confère plus de droits que les autres ? Hein ? Que tu es au-dessus de nous toutes ?

Un murmure secoua l'assemblée, et Io vit se peindre des expressions qu'elles connaissaient bien sur les visages : jalousie, peur, suspicion... Elle reconnaissait bien là la perfidie de Celle-qui-commande. Elle n'aurait pas besoin d'ostraciser Ama. Bientôt, ses propres compagnes s'en chargeraient toutes seules. Le doux rêve d'unité qui l'avait effleurée juste avant s'évanouissait avant même d'avoir pu exister.

— Dis ce que tu veux, répliqua Ama. Tu ne me fais pas peur.

Elle détacha chaque syllabe de sa dernière phrase, qu'elle prononça d'une voix plus forte, comme pour s'assurer que toutes entendaient clairement ce qu'elle venait d'affirmer.

La haine pure flamba dans les yeux bruns de Celle-qui-commande.

— De moi, peut-être pas. On verra ce qu'il en sera quand l'Archer viendra te faire plier, tige de roseau !

Elle éclata d'un rire rauque, fière de sa comparaison qu'elle voulait insultante, et balaya l'assemblée. Certaines émirent un petit rire, qui se fondit bien vite dans le silence.

— Le roseau me va bien, renchérit la chamane, il plie peut-être, mais ne se rompt jamais.

Cette fois, les rires étouffés changèrent de camp et Io sentit comme un changement subtil dans l'assistance. Quelques-unes de ses compagnes redressaient les épaules, dégageaient leurs cheveux, remontaient leurs manches, comme pour présenter un front égal face à Celle-qui-commande. Cette dernière sentit aussi le vent tourner et son regard suintant de jalousie se darda immédiatement sur la jeune fille.

— Toi ! cracha-t-elle. Suis-moi chez le Maître, il te demande.

— Encore ? s'entendit répondre Io, surprise par sa propre audace.

— On ne te demande pas ton avis ! hurla la cheftaine. Tu me suis et c'est tout !

D'un mouvement brusque, elle saisit Io par le bras et la tira sans ménagement, la jeune femme émit un bref gémissement, avant que la haute silhouette d'Ama ne s'interpose.

— Pas la peine de te montrer aussi brutale ! Elle te suivra de toute façon, alors à quoi bon lui faire mal ? gronda la chamane. Que cherches-tu donc à prouver ? À qui veux-tu plaire, en maltraitant tes semblables ?

Les yeux pleins de défi, elle posa la main sur l'épaule de la petite femme aux cheveux foncés, sans toutefois exercer la moindre pression. À la fureur succéda une grimace de peur, mêlée d'effarement, sur les traits de Celle-qui-commande. Son étreinte se desserra lentement et Io massa son bras douloureux.

— J'arrive, murmura-t-elle, levant la main en signe d'apaisement. Ne vous fâchez pas.

Toujours frappée de stupeur, l'autre acquiesça sans détacher les yeux de la grande femme aux cheveux gris. Ses breloques d'os et de coquillages encadraient son visage farouche, accentuant son allure déjà étrange, unique au sein du village. Se pouvait-il que ce qui se murmurait parmi les hommes soit vrai ? Était-elle une chamane, une sorcière ? Un frisson parcourut l'échine de Celle-qui-commande, qui ne devait rien à la froidure du dehors. Dans son esprit retors, les pensées se formèrent à toute vitesse. Mieux valait ne pas se frotter à cette femme, pour le moment, demeurer prudente face à elle. Il lui fallait juste attendre que ses forces s'amenuisent sous la dureté du travail et qu'elle baisse sa garde. Elle paraissait en revanche déjà liée à Io. Il serait plus simple de l'atteindre en se vengeant sur la jeune fille trop tendre. Un sourire mauvais se dessina sur ses lèvres pincées et elle s'écarta pour laisser passer cette dernière. Résolue à accepter son sort, la jeune fille la suivit sans un seul mot.

Une fois les deux silhouettes effacées derrière la porte, Ama se pencha à nouveau vers Yuna. La vieille femme secoua la tête de dépit.

— Que veut donc le Maître à Io ? lui demanda-t-elle à voix basse. J'ai l'impression qu'il la convoque souvent.

Dans un profond soupir, la vieille femme lui répondit :

— Que peut donc vouloir l'un de ces hommes à une jeune femme en pleine santé et en âge de procréer ?

Horrifiée, la chamane coula un long regard vers l'ouverture de l'habitation qui, telle la bouche d'un carnivore, avait avalé Io.

Chapitre 11 – Ama

Elle demeura un instant interdite. Les insinuations de Yuna se frayèrent un chemin jusqu'à son cerveau, mais elle refusait d'admettre la vérité. Elle ne pouvait le concevoir. Dans son clan, et dans tous les autres dont elle avait connaissance, les relations entre hommes et femmes, femmes et femmes, hommes et hommes, étaient toujours librement consenties. Bien entendu, des conflits pouvaient survenir, soit en raison de malentendus quant à la nature exclusive ou non de la relation, soit par des cas rares de violence envers un membre du couple, lorsque survenait parfois frustration et jalousie. Cela pouvait arriver, pendant la saison sombre durant laquelle le manque d'activité pouvait peser sur les esprits. Dans ce cas précis, la communauté entière se devait de prendre le problème à bras le corps et de punir, si nécessaire. La peine la plus stricte était le bannissement. Seul, sans appui, sans famille, on ne survivait pas longtemps. Ama savait que l'équilibre était fragile et reposait principalement sur la bonne volonté de tous. Que les ressources viennent à manquer, qu'une dispute de territoire survienne, et tout pouvait voler en éclats, brûler comme un feu de broussailles en plein été.

Jamais cependant elle n'avait entendu chose pareille. Qu'un homme ou une femme tentât de contraindre l'un de ses congénères par la violence cela pouvait advenir, en de rares occasions... mais jamais de façon systématique, acceptée et validée par tous et toutes. Elle plaqua une main contre son cœur et lança un regard désemparé à Yuna.

— Tu veux dire... qu'il la force ?

La vieille femme baissa le regard.

— C'est cela, oui. L'âge seul paraît nous protéger, et aussi... J'ai fait courir le bruit que Nian était devenue inféconde après la naissance de sa fille. Cela a l'air de fonctionner, les hommes la laissent en paix, pour le moment. C'est heureux qu'Ala ne soit pas avec nous, sans quoi...

L'air horrifié d'Ama s'accentua, en même temps qu'une indicible rage montait de ses entrailles, dévorant son estomac. Elle revit le petit visage résigné d'Io, sa protestation à peine formulée, la brutalité et l'absence d'empathie de Celle-qui-commande.

Sa vue se troubla un bref instant et des formes mouvantes, comme des toiles d'araignées sur lesquelles une rosée dense perlait, immergèrent de l'infini du cosmos. Elles dansèrent devant elle, avant de se fondre en un mur de roche aiguë. De celle-ci émergea tout un troupeau de cervidés, pourchassé par les silhouettes noires et ocre de chasseurs, tous armés de sagaies et d'arcs. Soudain, la scène se modifia sous le regard écarquillé de la chamane, qui sentait une sueur moite mouiller sa nuque. Les silhouettes des chevreuils se redressèrent, leurs pattes devinrent jambes et bras, leur poitrine s'anima et des courbes dessinèrent des cercles concentriques sur leurs poitrines offertes. Ce n'étaient plus des animaux que ces hommes chassaient, mais des femmes.

— Est-ce vrai ? lui demanda la voix ténue de Yuna, la ramenant à l'instant présent.

Tirée brutalement de sa transe, une brume opaque voila un instant ses yeux et le vertige la prit.

— Ama ? questionna son amie. Tout va bien ?

D'une main tremblante, la chamane balaya son visage cireux.

— Oui, assura-t-elle d'une voix qu'elle voulait ferme, mais où perçaient les accents d'une sourde angoisse. Que disais-tu ?

— Je te demandais si c'était vrai. Que l'Esprit t'a choisie ?

— Il ne m'a pas « choisie ». Je dirais qu'il m'a seulement... reconnue, soupira-t-elle, dépitée. Je ne sais ce qu'il espère obtenir de moi.

— La Déesse le sait, elle, je suis certaine qu'elle a guidé sa main.

Ama acquiesça sans enthousiasme. Les desseins de la Déesse lui échappaient, ces derniers temps, elle préférait ne pas songer à ce qui pouvait justifier le massacre de sa tribu et encore moins la mort de Bec. La douleur griffa à nouveau son cœur meurtri et, avec regret, elle ferma son esprit à cette pensée. Songer à Bec lui procurait une telle tristesse que cela la paralysait, alors que seul son objectif devait l'occuper. Si pour cela elle devait s'incliner devant celui qui se prétendait chaman de cette communauté, lui laisser entrevoir l'illusion de sa soumission, alors elle le ferait.

— Tiens, murmura la vieille femme contre son oreille, quand on parle du loup...

À l'orée de la porte, la silhouette trapue, cette fois ornée d'une capuche de fourrure sur laquelle deux immenses défenses de sanglier trônaient, se dessina.

Comme avec Celle-qui-commande, le silence s'abattit sur l'habitation, mais la chamane y décela une note différente. La peur demeurait, voilée d'une forme de respect presque palpable. Une distance sacrée paraissait s'installer entre les femmes présentes et l'homme détenteur des secrets des divinités. Les têtes s'inclinaient autant que les bouches se fermaient, tandis que l'Esprit s'avançait vers la grande étrangère.

— J'ai besoin de toi, lui indiqua-t-il.

Son ton impérieux de mâle dominant irrita Ama, toutefois elle ne laissa rien paraître. Il posa les yeux sur Yuna, toujours immobile à ses côtés.

— Viens avec nous, lui lança-t-il, ce que vous devez faire nécessite plus d'une paire de bras.

— Nous en avons déjà deux, grinça la chamane face au vieil homme décharné. N'est-ce pas suffisant ? Toi aussi, tu préfères faire travailler les femmes à ta place ?

À nouveau, des murmures choqués s'élevèrent au milieu des femmes devant l'audace des propos de la femme. Une forme d'hostilité impalpable se matérialisa, imprégna l'atmosphère de la maison. Ama n'en fit aucun cas et croisa les bras devant sa poitrine.

— Une de plus ne sera pas de trop, lui répondit-il en souriant avec amusement. Tu verras.

Il leur fit signe de le suivre avant de se diriger vers la sortie.

Une fois parvenu devant sa curieuse habitation, il se tourna vers Yuna.

— Veux-tu nous chercher du bois pour le foyer ? Ma réserve est sur le côté un peu plus loin, tout contre la palissade. Tu la trouveras facilement.

La vieille femme acquiesça, tandis que les deux autres gagnaient l'intérieur. Une fois assise face au vieux chaman, qui se débarrassait de sa lourde pelisse, Ama lui lança d'une voix tranchante :

— Pourquoi avoir fait venir Yuna si c'était juste pour du bois ? Elle est épuisée, j'aurais pu m'en charger.

— Tu n'es pas plus vaillante, lui rétorqua-t-il, une étincelle dans le regard. Je t'ai entendue te tourner toute la nuit, sangloter, marmonner.

Tu n'as presque pas dormi. Mais ce n'est pas pour cela que je lui ai demandé de nous suivre.

L'étrangère n'ouvrit pas la bouche et attendit la suite.

— N'as-tu donc pas remarqué la tension chez tes compagnes ?

— Ce ne sont pas mes compagnes, objecta-t-elle. Je n'en connais aucune, à part Yuna et sa fille.

— Précisément. Tu les connais bien, et surtout, tu tiens à elles, n'est-ce pas ?

— Ce sont... des amies, déglutit-elle, déçue d'être aussi vite percée à jour. D'un clan proche du mien.

— Tu ne l'as sans doute pas encore compris, mais être ton amie n'est pas une bonne chose. Yuna et Nian seront victimes de représailles si tu ne te montres pas docile. Tu as déjà pu constater que c'est le cas pour Io.

Les mots frappèrent la chamane. Rendue intouchable par les pouvoirs qu'on lui prêtait et la faveur du chaman, les frustrations du Maître et de Celle-qui-commande devaient trouver un exutoire. Ce dernier pouvait prendre la forme de persécutions envers les personnes dont elle se montrerait trop proche. Ama refusait d'avoir cela sur la conscience.

— Votre peuple ne semble vivre que de colère et de jalousie. Est-ce cela, avec l'avidité, qui donne un sens à votre existence ?

Sa voix vibrait d'une colère contenue, se répercutant sur les solives de bois noircies par la fumée.

— Yuna sera bientôt de retour, répondit l'homme, elle rejoindra les autres.

— Je te dirai ce que tu veux savoir si tu m'assures que Yuna, Nian et Io ne subiront aucun mal, déclara Ama, tentant le tout pour le tout.

— Je ne peux pas te promettre cela. Je me suis déjà élevé contre l'autorité du Maître pour toi.

La chamane planta son regard vert dans celui, sombre, du vieil homme, et fit mine de se relever.

— Ça va, ça va... Rassieds-toi. Je ferai ce que je peux, mais je ne te garantis rien. Le Maître est imprévisible et Celle-qui-commande... n'est pas là par hasard. Je t'incite à la prudence.

Elle se rassit et le détailla à présent qu'il était tête nue. Sur son visage sec, de larges rides dessinaient les sillons d'une longue existence. Des points tracés à même la peau à l'aide de cendre se perdaient dans la chair de sa joue droite, en une spirale qui remontait jusqu'à sa tempe. Long et osseux, ce furent les termes qui lui vinrent à l'esprit alors qu'elle le contemplait. Elle remarqua soudain qu'il portait une lame étrange à sa ceinture de cuir. Taillée dans une pierre qui lançait des éclats verts tels qu'elle n'en avait jamais vu, elle était **superbement** ouvragée. Son tranchant effilé, les bords détachés avec art, se muaient en une feuille si fine et légère qu'elle l'imaginait se briser au moindre contact. Pourtant, cette arme paraissait redoutable. Mortelle. Craignant d'insister trop, elle reporta son regard sur les traits du vieillard.

— Qu'attends-tu de moi, Homme-qui-parle-aux-esprits ? murmura-t-elle.

Un large sourire illumina la face du vieillard.

— Voilà le bois que tu as demandé, déclara Yuna en pénétrant dans la maison, les bras chargés de longues branches sèches.

Ama se précipita pour lui apporter son aide et, ensemble, elles ravivèrent le feu, avant de ranger le surplus sur des clayettes posées contre le mur arrondi.

— Je te remercie, Yuna, déclara l'Esprit, tu peux regagner ta maison. Je crois de plus que les soins aux brebis sont terminés, ta fille est peut-être déjà rentrée. Prends ceci. (Il lui tendit une petite bourse de peau.) Cette infusion aidera Nian à dormir. Ama reste encore un peu avec moi, elle vous rejoindra vite.

La vieille femme lança un regard circonspect à sa compagne, mais la chamane la rassura en pressant son avant-bras dans sa paume. Elle assortit ce geste d'un sourire qui se voulait rassurant. Yuna hocha la tête sans insister, avant de les quitter pour de bon.

— Que me veux-tu ? répéta Ama une fois seule face à l'Esprit.

Après un long silence, le vieillard ouvrit la bouche, et elle constata pour la première fois qu'il lui manquait deux dents.

— Les Esprits te parlent-ils ?

— Cela dépend de quels Esprits il s'agit, répondit-elle prudemment, toujours réticente à lui communiquer trop d'informations sur son clan et leur mode de vie.

— Quels sont ceux qui te parlent, alors ?

— Nos Esprits ne parlent pas, répliqua-t-elle. Ils montrent.

Une expression incrédule se peignit sur le visage du vieil homme.

— Que te « montrent »-t-ils ? Enseigne-moi quels sont les Esprits de ton peuple.

Ama pesa le pour et le contre. Devait-elle lui prouver toute l'étendue de sa puissance de vision, étaler devant lui la force de sa connexion avec le monde entre les mondes, pour l'impressionner et instiller la peur en lui ? Était-il préférable, au contraire, de répandre peu à peu son savoir, de l'aiguillonner pour qu'il veuille en savoir toujours plus ? Elle savait mieux que quiconque l'attrait que pouvait exercer le contact avec le monde au-delà du monde. Bien que la perspective de terrifier ces hommes vils la réjouît, la seconde option lui parut la plus à même de l'aider à mettre son plan à exécution. Elle lui octroyait bien plus de temps pour découvrir une solution à son problème et, surtout, le moyen de tuer le Maître.

— Il y a très longtemps, commença-t-elle sur le ton qu'elle employait lors des veillées dans son clan, seule l'obscurité existait. Un néant si noir, qu'il n'avait pas de fin. Dans une grotte aux mille parois, une femme se tenait. C'était la Déesse, et avec elle vivaient tous les animaux, enfermés eux aussi par la peur du néant. Dans ce chaos informe, la Déesse se saisit de deux morceaux de silex et les frotta dans ses mains. Au creux de ses paumes, les étincelles jaillirent et le feu illumina les murs de la grotte sacrée, faisant reculer les ténèbres. Ainsi naquit le premier feu. Ainsi, la grande Déesse advint.

Elle arrêta son récit, guettant sur le visage de son interlocuteur des signes de désapprobation ou, au contraire, d'émerveillement. Cette histoire que les chamanes de son peuple se transmettaient toutes racontait comment la Déesse avait donné vie au feu, avant de libérer tous les animaux du ventre de la terre. La suite, elle la connaissait par cœur, pourtant elle s'abstint de la lui dévoiler.

— C'est une jolie histoire pour les enfants, commenta le vieil homme avec un sourire malicieux. Nous en avons une semblable. Cependant, le feu ne saurait être né des mains d'une femme.

— Tu m'as demandé de te parler de ce que me montre la Déesse, c'est ce que je fais. Nous les chamans, commençons toujours l'exploration des mystères de la Déesse ainsi. Tu ne devrais pas traiter cela avec autant de légèreté. Quoi que vous en disiez, nous sommes tous les enfants de la Déesse.

— De la Mère, oui, corrigea l'Esprit, qui n'est que le réceptacle de la semence divine du Guerrier. Sans lui, qui fit couler les premiers sangs des bêtes de la terre pour fertiliser le sol et donner vie aux céréales qui poussent, elle ne nous aurait jamais engendrés. C'est pourquoi le Guerrier est le premier. Après avoir libéré tous les animaux, il a façonné pour lui une femelle douce et aimante, pour pouvoir peupler les terres immergées du néant primordial.

Ama fronça le nez. Cette histoire des origines ne lui plaisait pas. Elle entrevoyait les similitudes, les ramifications qui se croisaient avec sa propre mythologie, **dont** les branches se divisaient soudain pour donner une interprétation totalement différente. Dans l'épopée de l'Esprit, l'homme, par sa violence, soumettait les autres êtres et engendrait la vie. Dans celle d'Ama, la Déesse universelle usait de son pouvoir créateur, de sa flamme interne pour insuffler la vie à tous, animaux comme êtres humains, femmes comme hommes, sur un plan égal. En cela, elle ne façonnait aucune hiérarchie entre les êtres.

— Je ne sais rien de ton Guerrier. Je constate cependant qu'il ne vous mène pas sur la voie de la paix...

— Le Guerrier favorise celui qui lui offre les meilleurs sacrifices, expliqua le vieil homme. Plus ils sont nombreux, plus il est satisfait, et plus les bénédictions pleuvent sur son élu : femmes, biens, bétails... S'il sait conserver ses faveurs, rien ne pourra arrêter son ascension.

— Ne vois-tu pas cela comme un problème ? objecta-t-elle, prise au jeu de la conversation malgré elle. Les bienfaits de la Déesse sont nombreux, et elle sait se montrer généreuse, mais son don n'est pas infini. Un jour, si vous prenez trop, elle vous retirera ce qu'il reste.

— Je vois que tu ignores tout de l'immensité du monde. (Il prononça ces paroles comme s'il s'adressait à une enfant, ce qui, bien qu'elle tentât de le dissimuler, déstabilisa la chamane.) Notre peuple est arrivé sur ces terres cernées par l'eau salée il y a longtemps, bien avant que je ne vienne au monde. Pourtant je sais, nous savons tous, qu'ils venaient de terres situées au-delà de la mer sans fin[12], au-delà même des Montagnes-de-glace[13].

Ama scruta le visage ridé avec intensité pendant qu'elle réfléchissait. Oui, ce peuple était nouveau, différent du sien, et son expansion bien plus importante que ce qu'elle pensait, malgré les visions, malgré les propos rapportés par les siens. Elle se mordit l'intérieur des joues. Elle aurait mieux fait d'écouter Ybn, et d'agir tant que cela était encore possible.

— Crois-moi, reprit le vieillard. Malgré ce que tu sembles imaginer, les terres sont illimitées, fertiles, grasses. Il existe des immensités de désert, des mers sans limites, des étendues de givre et, grâce à la force du Guerrier et à la fécondité de la Mère, elles nous appartiendront toutes, un jour.

Un vertige saisit Ama à l'écoute de ces mots qui ancraient dans une réalité tangible les visions qui l'avaient assaillie avant que son clan ne soit massacré. Ses espoirs de ramener l'Esprit à la raison se dissipaient

---

[12] Mer méditerranée.
[13] Alpes. Cela fait référence au peuplement du bassin méditerranéen en Europe par l'arrivée des peuplades néolithique du Moyen-Orient, vers -6000 avant notre ère.

face à la violence de ses propos : ces hommes ne reculeraient devant rien pour assurer leur expansion, dussent-ils massacrer la moindre créature sur leur chemin !

La Déesse ne cherchait peut-être pas à l'avertir, tout compte fait, ni à lui lancer un quelconque signal, mais plutôt à lui montrer l'inéluctable marche de la destinée des êtres humains.

Chapitre 12 – Io

— Va-t'en.

D'aussi loin qu'elle se souvienne, ce n'était jamais arrivé. Le Maître avait exigé sa présence pour la journée, et voilà qu'il la renvoyait soudain comme cela. Elle avait bien remarqué dès son entrée dans la petite habitation qu'une atmosphère inhabituelle y régnait. Les épouses étaient recroquevillées dans un coin, encore plus qu'à leur habitude si c'était possible. Les enfants n'émettaient pas le moindre bruit, comme pour ne pas attiser la fureur de leur père. Même le chien préféré du Maître, tête basse et queue ramassée sous ses pattes, se tenait en retrait de son propriétaire. Ce dernier, debout, faisait les cent pas et paraissait ruminer depuis un moment. Malgré elle, le regard d'Io avait glissé vers la terre battue à ses pieds, cherchant les morceaux de la petite statuette, mais ils avaient disparu.

Il l'avait traînée dans son alcôve dès son arrivée et elle s'était préparée à subir ses assauts, pourtant, contre toute attente, il ne s'était rien produit. Il avait parcouru son corps de ses mains inquisitrices d'un air distrait, voire totalement absent.

Se pouvait-il qu'il se soit lassé d'elle ? L'espoir gonfla sa poitrine, auquel elle refusa de se laisser aller. La déception serait encore plus grande s'il prenait à l'homme l'envie de s'occuper d'elle, finalement.

— Bien, murmura-t-elle, les yeux toujours rivés vers le sol.

— Ce que tu peux être ennuyeuse, Io, continua-t-il. Si lisse, si… insignifiante. Ton corps est joli, c'est vrai. Encore ferme, délié. Qu'en sera-t-il de toi lorsque tu vieilliras ? Que les grossesses marqueront ton corps de leurs cicatrices ? Tu ressembleras à une pomme flétrie, comme An. Inutile. Une bouche à nourrir, et rien de plus !

Il avait débité sa tirade d'un seul coup, et Io se demanda s'il lui parlait vraiment ou s'il se parlait à lui-même. Une énorme veine gonflait à son cou, indice d'une rage latente qui couvait à l'intérieur. Io recula. Elle avait peur.

— Tu ne réponds rien ?

— Sans... sans doute, Maître. Vous avez raison.

Elle souhaitait sans trop y croire que cette réponse le satisfasse et qu'elle puisse partir. Elle se mordit l'intérieur de la joue, elle aurait dû obéir sans rien dire dès qu'il le lui avait ordonné.

— Une réponse aussi bête que toi... aussi plate. Alors qu'elle...

Il se redressa d'un bond, le torse nu, et luisant sous les flammes, pour frapper du poing sur l'une des poutres qui soutenait la maison. Le bruit sourd ébranla tout l'intérieur. Le poteau ne bougea pas d'un pouce, preuve qu'il était bien planté en terre.

— C'est bien la première qui me résiste ! Elle pense encore pouvoir tenir son rang, me tenir tête, à moi ! Je la ferai plier, comme toutes les autres. Elle m'appartiendra un jour, et l'Esprit n'y pourra rien, dis-le-lui bien !

Perdue, Io acquiesça sans comprendre. Parlait-il d'Ama ? Cette dernière le fascinait-elle tant ? Elle se jura de la mettre en garde contre la colère du Maître. Son état ne présageait rien de bon, la chamane devait demeurer vigilante.

Une fois à l'extérieur, elle inspira l'air froid, et la fine buée de son souffle s'évapora dans l'atmosphère glacée. Cela l'apaisa, et elle remonta la cape de fourrure sur ses épaules, couvrant sa tête à l'aide de l'épais capuchon. C'était si agréable. Ses pas la menèrent non pas vers sa propre habitation, mais vers la palissade dont les abords désertés offraient une paix relative. Furtive, elle se glissa dans l'espace qu'elle connaissait bien et se dirigea vers les berges. Il était rare qu'on les gagne en plein hiver, sauf pour y puiser de l'eau, ce qui lui donnait envie de profiter de quelques instants de solitude bienvenue.

Les ajoncs gelés trempaient leurs longues tiges brunies dans l'eau qu'une fine pellicule de glace emprisonnait contre les galets blanchis par l'onde. Le silence de la nature l'enveloppa et elle poussa un soupir de satisfaction. Nulle bête ne paissait aux abords de l'onde courante, elles étaient toutes parquées dans leur bergerie. Le parallèle entre les brebis dociles et sa propre existence la frappa et elle secoua la tête pour chasser cette pensée importune. Au lieu de cela, elle s'approcha de l'eau glacée pour contempler un peu plus loin sa course folle qui ne connaissait nul obstacle. Les petits rapides galopaient toujours, dévalaient les puissantes montagnes couvertes de neige, vers la grande étendue salée de la mer. Sans entrave, la rivière allait son chemin, libre. Elle inspira à nouveau, elle qui aurait tout donné pour être comme ce fleuve impétueux, pour avancer toujours, sans jamais regarder en arrière. Le souvenir lui vint qu'elle n'était pas venue depuis la dernière fois que le Maître avait abusé d'elle. Cela lui faisait plaisir de contempler ce paysage paisible, silencieux, sans songer à...

Le cours de ses pensées se brisa soudain sous une peur confuse, dense, qui vint griffer le creux de son ventre. Elle porta la main à celui-ci dans un réflexe. Par la Mère ! Depuis combien de temps n'avait-elle pas saigné ? La dernière pleine lune était passée depuis longtemps sans que le bas de sa tunique ne rougisse ni qu'elle utilise les longues bandelettes de peau emplies de la matière duveteuse que contenaient les massettes. Elle lorgna les tiges dénudées des joncs, reporta son attention sur l'eau courante. Non. Ce n'était pas possible.

Pâle, la jeune femme pénétra dans la Longue-maison et gagna sa couche sans rien dire.

— Te voilà tout de même ! lui lança la vieille An, acerbe. Encore à rêvasser, celle-ci !

— Je ne rêvassais pas, protesta Io mollement, le Maître...

— Celle-qui-commande sait que tu as quitté la maison du Maître depuis longtemps et que tu n'es pas rentrée tout de suite, répliqua la mégère. Tu vas devoir t'expliquer avec elle...

À ces mots, un flot de larmes jaillit des yeux d'Io, incontrôlable, et elle éclata en sanglots à la stupéfaction d'An. Interloquée, cette dernière s'éloigna en haussant ses vieilles épaules sèches et maugréa que cette fille était folle. Du coin de l'œil, Ama avisa le drame et délaissa le tressage qu'elle était en train de réaliser pour sa propre couche pour se diriger vers la pleureuse.

— Ça ne va pas, Io ?

L'autre renifla avant d'essuyer son visage à l'aide du bas de sa tunique.

Comme elle ne répondait pas, la chamane s'assit près d'elle.

Io la regarda sans mot dire et planta son regard rougi dans le sien.

— Yuna m'a... expliqué la situation, commença-t-elle. Est-ce que le Maître t'a fait quelque chose ? As-tu besoin d'aide ?

— Non. Merci, mais je n'ai pas besoin de rien. Tout va bien.

Son ton abrupt tranchait tant avec son visage chiffonné qu'Ama, contrairement à son habitude, insista.

— Ça n'en a pas l'air, tu sais.

— Et alors ? explosa Io. Qu'est-ce que ça peut te faire ? Tu n'es pas ma mère, tu n'es même pas membre de ce village, laisse-moi tranquille !

— Io, je comprends ta frayeur, lui assura Ama, mais tu ne devrais pas refuser la main que je te tends. Il n'a aucun droit de te faire subir cela. Je serai à tes côtés pour te soutenir, si tu veux t'élever contre...

— M'élever contre ? C'est facile pour toi de dire ça ! cria la jeune fille. Tu as encore des soutiens, un clan... Moi je n'ai personne ! Je suis seule, seule, tu entends ! Alors vraiment, Ama, c'est gentil de ta part, mais n'insiste pas !

Elle se leva d'un mouvement brusque et se dirigea vers le foyer, les poings serrés, rouge et furieuse.

Autour des deux femmes, un silence épais se forgea dans l'air. Personne n'avait jamais vu Io s'énerver, et même elle se surprenait à cet éclat soudain. Des émotions contradictoires boulonnaient sous ses tempes, un mélange improbable de fureur et de désespoir profond. Elle entendit la chamane soupirer derrière elle, puis murmurer :

— Tu as raison, Io, je n'ai pas à me mêler de ta vie, si tu ne le souhaites pas. Sache juste que je suis là.

Les larmes menaçant de couler de nouveau, la jeune esclave s'essuya le visage d'un revers de manche et reporta son attention sur la nourriture à préparer, sans pouvoir s'empêcher de jeter un regard vers la haute silhouette de la chamane.

Une pulsation profonde, une brûlure qui montait dans sa gorge tira Io de son sommeil. Elle porta une main à ses lèvres et eut juste le temps de se précipiter dehors. Ignorant le froid mordant, elle s'appuya contre le mur extérieur de la maison et vomit en longs jets brûlants le contenu de son estomac. Les larmes lui montèrent aux yeux tandis que le goût âcre, immonde, envahissait toute sa bouche. Quand elle eut fini, elle tendit sa face couverte de sueur vers le ciel gris, d'où tombaient à présent d'épais flocons de neige. La main contre le mur, elle reprenait difficilement sa respiration lorsqu'elle entendit des pas derrière elle. Elle se redressa, essuya ses lèvres, prête à faire face à l'intrus.

C'était Ama, ses longs cheveux gris encadrant son visage si doux et en même temps si fort. Elle s'approcha de la jeune fille avec une infinie douceur et lui tendit un tissu imbibé d'eau. Io s'en empara avec empressement pour tamponner sa bouche, puis, l'air abattu, elle attendit les questions qui ne manqueraient pas d'advenir. La chamane la scruta, puis finit par demander :

— Depuis quand ?

— Je ne sais pas, répondit la jeune fille.

Sa petite voix tremblait, mais en dessous, des accents résolus pointaient, un ton qu'Ama connaissait bien, toutes les futures mères qu'elle avait côtoyées avaient en elles cette peur mêlée d'une grande force. Elle estima que cette détermination soudaine, nouvelle chez la jeune esclave, lui serait d'une grande utilité pour supporter les mois à venir. Ama ne s'imaginait pas donner la vie dans un contexte pareil. Le contraste avec sa propre grossesse, entourée par tous les membres de son clan, aidée et aimée, la frappa. Elle n'avait pas apprécié cette période de sa vie, comparée à d'autres femmes, mais au moins elle avait reçu toute l'attention possible et surtout, le soutien indéfectible de son compagnon. Le visage barbu de Bec, ses yeux immenses et rieurs se frayèrent un chemin jusqu'à sa conscience, et sa cruelle absence lui mordit le cœur. Elle chassa bien vite le souvenir de son aimé et se reprit, pour reporter son attention sur Io. Qu'en serait-il de la grossesse de la jeune femme dans ce village dont les habitants méprisaient tant les femmes ?

— N'en as-tu pas une vague idée ? Quand ton sang a-t-il coulé pour la dernière fois ?

— Plusieurs lunes pleines sont passées déjà, cependant je ne m'en suis aperçue qu'il y a trois jours...

— La dernière fois que le Maître t'a convoquée... acheva Ama. C'est donc pour cela que tu étais si bouleversée.

La jeune fille acquiesça douloureusement, avant de river ses grands yeux bruns à ceux de la chamane.

— Connais-tu vraiment autant les vertus des plantes que le prétend Yuna ?

Ama comprit tout de suite ce que souhaitait entendre Io.

— Plantes, champignons, lichens, fruits, baies... et la plupart des affections qui peuvent atteindre notre corps. Demande-moi ce que tu veux.

— Je... Est-ce que tu sais quelle plante... permettrait à une brebis de perdre son petit ?

Elle avait achevé sa phrase dans un souffle, comme si la question lui brûlait la bouche autant que la bile, comme si ces mots contenaient un tabou si grand, qu'elle préférait ne pas avoir l'air de les prononcer.

Cela plongea Ama dans un désarroi encore plus grand. Bien entendu, son savoir s'étendait aux maux féminins, au soin des enfants et, parfois, à l'arrêt d'une grossesse pas encore trop avancée. Les femmes des différents clans connaissaient leurs corps sur le bout des doigts, allaitant leurs enfants suffisamment longtemps pour ne pas en procréer un autre avant qu'au moins huit saisons ne passent. S'occuper d'un seul enfant, le porter lors des rassemblements, sur les sites de chasse, c'était bien suffisant. Il arrivait qu'un bébé non désiré arrive trop tôt, ou lors de la mauvaise saison. Ou encore que son sang soit trop faible, et puise dans celui de sa mère de façon excessive, la mettant en danger. Dès lors, oui, Ama et les autres femmes pouvaient proposer à la jeune mère d'absorber une décoction qui permettait d'expulser le fœtus. Herbe fétide[14], herbe dorée[15], herbe de feu[16]... Les moyens ne manquaient pas.

— Cela est un savoir commun aux femmes, lui expliqua-t-elle. En tout cas, chez moi. Même Yuna et Nian pourraient te les indiquer. Si bien entendu, la « brebis » dont tu parles n'est pas gestante depuis trop longtemps.

— Combien de temps, environ ? la pressa Io.

— Pardonne-moi... Tu ne connais aucune des plantes dont nous parlons ?

— Non ! s'exclama la jeune fille. C'est interdit, seul l'Esprit sait soigner, le Maître y veille ! Enfin, An connaît certaines choses, pour les plaies majoritairement. Peut-être plus. Toutefois, jamais elle ne partage ses connaissances ni ne les utilise ! Le Maître serait furieux.

Ama secoua la tête. Cet homme... Tout partait de lui, et de ceux qui le suivaient. Comment le chaman pouvait-il laisser faire de telles choses, lui qui prétendait communiquer avec les ancêtres et les forces de la terre ? Priver les femmes non seulement de leur liberté, mais de leur secours, de la maîtrise de leur corps et de leur santé, était à ses yeux un crime. Reléguées au rang de têtes de bétail, elles se retrouvaient réduites à leurs ventres et, pour les plus chanceuses, ou par le biais de complexes liens familiaux qu'elle ne saisissait pas, de compagnes de ses hommes. Toujours inférieures, toujours corvéables à merci. Io devina à ses traits qu'une colère de plus en plus bouillante grandissait chez la chamane.

---

[14] Rue officinale.
[15] Tanaisie.
[16] Armoise commune.

— Je ne comprends pas... fulmina-t-elle. Comment la Déesse peut-elle accepter cela ?

Elle s'interrompit soudain devant une Io perplexe. Et si, au contraire, c'était elle, l'instrument de Sa volonté ? En accomplissant sa vengeance personnelle, elle délivrerait aussi ses sœurs du joug de ces hommes, ou au moins de l'un d'entre eux. Un sentiment grandit en elle, elle sentit, comme lorsqu'elle se trouvait au bord de la transe, les fourmis qui parcouraient ses membres, les frissons le long de sa colonne vertébrale. Elle inspira profondément pour chasser les sensations et reporta son attention sur la jeune fille qui lui faisait face.

— Es-tu certaine de ton choix, Io ? Je veux dire...

Elle jeta des coups d'œil furtifs alentour, mais la neige qui tombait dru avait chassé les éventuels curieux.

— Je sais ce que tu veux dire, murmura la jeune femme d'un ton désespéré. J'en suis sûre, oui, cette brebis ne peut pas avoir son agneau. Le... temps n'est pas bon. Aussi, supplia-t-elle, je te demande de l'aider. Je t'en prie, Ama. (Son ton se fit encore plus bas, plus triste aussi.) Je ne veux pas de l'enfant du Maître... acheva-t-elle.

Les sanglots déchirèrent soudain sa poitrine et les larmes coulèrent sur ses joues. Consciente du tableau misérable qu'elle offrait, sa tresse foncée défaite où s'accrochaient les flocons avant de fondre, sa tunique trop grande et trop fine pour la froidure, ses pieds nus et rougis, elle essaya désespérément de se reprendre. Ce spectacle brisa le cœur de la chamane et elle la vit s'approcher d'elle avec une grande douceur, comme si elle voulait apprivoiser une biche effrayée. Elle sentit ses grands bras solides l'entourer, et la chaleur se diffuser dans son corps. Elle se laissa aller de plus belle contre l'épaule de sa compagne.

— Je vais t'aider, Io, promit Ama, la voix enrouée. Ce sera douloureux, ça peut être terrible aussi, pour l'esprit. Que la Déesse et les Ancêtres nous assistent.

Chapitre 13 – Ama

— Que cherches-tu ? l'interrogea l'Esprit.

Prise sur le fait, Ama recula et lui sourit. Elle l'avait cru absorbé suffisamment dans sa tâche, broyer des baies d'aubépines séchées, et s'était approchée des clayettes où séchaient les plantes. Elle ne voyait cependant rien de ce qu'elle voulait.

— Je me demandais si tu disposais d'écorce de saule, et je ne voulais pas te déranger. Je suis capable de l'identifier par moi-même, alors je t'ai laissé à ton travail.

Elle espérait que son mensonge prendrait. Elle tendit les mains vides devant elle pour prouver qu'elle n'avait rien pris, mais l'Esprit sembla s'en désintéresser.

— Tu as des maux de tête ? De la fièvre ? questionna-t-il, toujours arc-bouté sur la pierre qui lui servait de meule.

— Pas moi, non, une de mes compagnes. Tu la connais peut-être, hasarda-t-elle sur une impulsion. La vieille An ?

Le chaman se redressa et fronça ses sourcils broussailleux.

— An ? Elle est tout à fait à même de…

Il s'interrompit.

Le léger sourire qui flottait sur les lèvres de la femme en face lui indiqua qu'elle lui avait tendu un piège, et qu'il avait plongé droit dedans. Par le Guerrier ! Il l'avait sous-estimée, alors qu'elle l'avait pourtant prévenu !

— Je le savais ! triompha-t-elle. An est une guérisseuse, n'est-ce pas ? Peut-être pas une chamane, mais elle connaît les plantes.

— N'évoque jamais cela, continua le vieillard d'un ton grave. Tu signerais la mort de cette femme.

— Comment cela ?

— Je dois apparaître aux yeux du Maître comme le seul dépositaire de ce savoir. Le seul avec toi.

— Est-ce pour cela que le Maître veut aussi ma perte, alors ? questionna la chamane, dubitative.

— Non, je pense qu'il ignore la moitié de tes pouvoirs, Ama. Il a juste conscience de ton rang, ce qui lui déplaît. Et puis, tu n'es pas du village.

— C'est tout ? s'offusqua-t-elle. Cela suffit à condamner les miens ?

— Oui, cela suffit, répondit durement l'Esprit. Toi et ton clan, les autres clans, tout votre peuple de nomades, vous êtes une menace pour nous, pour le village. Un obstacle aux projets du Maître, à notre expansion.

— Une menace ? (Son visage s'empourpra et elle serra les poings si fort que ses jointures blanchirent.) La menace, c'est vous ! Vous qui mutilez la terre avec vos outils, arrachez au lieu de couper, tuez plus que nécessaire, massacrez les autres ! En quoi mon peuple vous menace-t-il ? Dis-le-moi, toi qui prétends parler aux Esprits !

Furieuse, elle se laissa emporter par la rage qu'elle sentait éclater sous son crâne. Comment osait-il sous-entendre que les siens avaient mérité leur sort ?

— Tu ne comprends pas, assura l'Esprit d'un ton égal. Nous avons besoin de beaucoup plus d'espace que vous, c'est un fait. Pour cultiver nos grains, faire paître nos brebis et nos bœufs, construire nos maisons. Un jour ou l'autre, tôt ou tard, nous aurons besoin de ce que vous nommez vos terrains de chasse, de cueillette ou de pêche. De vos femmes, aussi. Cela a déjà commencé, tu le vois bien. La confrontation est inévitable, Ama. Et vous perdrez. C'est ainsi.

La chamane secoua la tête, sa vision se troubla et, un bref instant, elle fut à nouveau présente dans le corps du rapace qu'elle empruntait parfois. Devant elle, les larges étendues de plaine, toutes occupées par des champs et des enclos, apparurent. Des maisons aussi, agglutinées dans des enclos ovales de plus en plus larges, jusqu'au bord de la mer. Au loin, elle distingua les flammes d'un feu dévorant qui se répandaient sur les terres jusqu'au flanc des montagnes.

— Tu le sais, n'est-ce pas ? gronda la voix de tonnerre de l'Esprit sans qu'aucun son ne sorte de sa bouche. Tu le sais, car tu l'as vu. Et tu n'as pas su sauvegarder ton peuple, Ama. Alors, à qui la faute ?

— NON ! hurla la femme alors qu'elle portait les mains à son visage, griffant ce dernier de ses ongles.

— Je vous dérange ? les interrompit une voix inconnue derrière elle.

— Pas du tout, pas du tout, assura le vieil homme d'un ton amical. Entre donc, l'Observateur.

Un homme d'une stature plus haute que la moyenne, et qu'Ama n'avait jamais vu, pénétra dans la maison. Elle le dévisagea sans vergogne tandis qu'elle essuyait le sang qui perlait sur sa joue. Ses yeux la frappèrent, elle demeura interdite devant leur couleur surprenante. D'un gris pâle, ils lui rappelèrent certaines lames de silex que Ran arrachait à de lourds nucleus au bord de la rivière. Il prétendait que ces silex-là étaient les meilleurs, car ils étaient comme les os de la Déesse. Plus simples à tailler, ils donnaient de magnifiques lames aussi fines que les feuilles des arbres.

— Eh bien, commenta celui qui s'appelait l'Observateur. C'est donc toi, la chamane étrangère dont tout le monde parle au village ? Je suis ravi de te rencontrer enfin.

Dans un geste qu'elle ne comprit pas, il tendit un bras vers elle, et elle recula dans les ombres de l'habitation.

— Visiblement, ce n'est pas comme cela que l'on salue un ami chez toi, mais peu importe, déclara-t-il tout en scrutant son corps de bas en haut. C'est toi que je suis venu voir, l'Esprit.

— Approche donc, lui indiqua le vieillard. Assieds-toi plus près du feu et dis-moi ce qui t'amène.

Les deux hommes commencèrent à deviser ensemble et ignorèrent la présence d'Ama. Cette dernière se reprit bien vite, non sans continuer d'observer le nouveau venu. Il traçait à présent des lignes sur le sol de terre battue à l'aide d'un stylet taillé dans l'os radial d'un cervidé, un air concentré sur ses traits virils. Le vieux chaman, penché vers lui, le regardait faire avec attention. C'était l'occasion rêvée.

Avec une infinie délicatesse, elle se tourna vers la pharmacopée de l'Esprit et mit un moment à trouver ce qu'elle cherchait. Elle jetait de temps à autre des regards par-dessus son épaule, mais les deux hommes continuaient à converser entre eux. Elle se saisit de plusieurs tiges qu'elle cacha avec habileté sous sa tunique et s'apprêtait à retourner moudre les baies d'aubépine, lorsqu'une petite cordelette attira son attention. Elle ne l'avait pas remarquée les fois précédentes, car elle était dissimulée derrière une grosse jatte de terre cuite qui contenait du grain. Elle dut tordre son bras gauche pour l'atteindre et y prélever un champignon spongieux et racorni. Elle le porta à son nez et sut immédiatement de quoi il s'agissait. Elle remercia en elle la Déesse qui lui fournissait enfin une vraie raison d'espérer, et surtout, une issue plus rapide que ce à quoi elle s'était attendue. Elle en décrocha encore un autre, qu'elle rangea avec précaution dans une autre poche de sa tunique, éloignée des plantes destinées à Io. Enfin, sans rien laisser paraître, elle reprit son travail, mais continua à prêter l'oreille à la conversation des deux hommes.

— Alors ? la pressa Io, anxieuse. Tu as ce qu'il faut ?

Ama savait que cette dernière avait encore passé une partie de la matinée pliée en deux à vider ses tripes, et imagina qu'elle devait se sentir exténuée.

— S'il te plaît, la supplia-t-elle, tout, plutôt que ce calvaire matinal ! J'ai de plus en plus de mal à dissimuler mon mal... Je n'ai plus de force...

Ama remarqua les lourds cernes noirs qui ourlaient le contour de ses yeux bruns et elle se demanda si elle n'avait pas maigri. Ce n'était pas bon signe, pour une femme enceinte, même si les crises de vomissements expliquaient aussi cette perte de poids.

— J'ai trouvé l'ingrédient principal, oui, affirma la chamane. Mais il te faudra encore patienter, le temps que je puisse préparer une décoction, sans me faire remarquer. Je demanderai l'aide de Yuna, elle s'y connaît aussi très bien, nous trouverons quelque chose pour masquer un peu le goût, c'est très amer, désagréable.

— Pas plus que de sentir pousser en soi l'enfant de ce tortionnaire, affirma sèchement Io.

Un air résolu se peignait sur son visage fatigué. Ama se fit la réflexion que cette épreuve affermissait son caractère.

— J'en ai assez, Ama, souffla-t-elle. Je suis lasse d'être prise pour une moins que rien, de subir toujours les rebuffades et les réprimandes. Celle-qui-commande s'acharne de plus belle sur moi, de plus en plus depuis ton arrivée. Les travaux m'éreintent, et ce sera pire encore à la venue de la belle saison ! Il faut que ce soit terminé avant...

Ama acquiesça. Lorsque les travaux d'extérieur reprendraient, la cheftaine ne manquerait pas de lui assigner les travaux les plus pénibles, pour se venger de sa proximité avec la chamane, comme l'Esprit le lui avait prédit.

— Patiente un peu, tout de même, Io, la pria-t-elle. D'ici quelques jours, tout sera prêt. Je te préviens encore, lui murmura-t-elle, ce sera douloureux.

— Je suis prête.

Le manteau violet de la nuit recouvrait le village, et trois silhouettes se détachèrent des murs clairs. Dans un ciel dégagé, les étoiles immobiles et glacées luisaient au firmament, accompagnées d'un mince croissant de lune. Furtives, les ombres glissèrent avec habileté le long des murs, évitèrent soigneusement la large esplanade centrale pour se dissimuler à la vue d'importuns. Elles gagnèrent à longues enjambées l'une des maisons en construction, dont le toit n'était pas même achevé.

— Quel froid ! pesta Yuna, dont l'haleine forma une buée dense devant elle.

Ama posa son index sur ses lèvres, lui intimant de se taire.

Une fois à l'intérieur, elles conservèrent leur manteau et Yuna garda même sa capuche en fourrure de renard, tandis qu'elle soufflait sur ses mains glacées.

La chamane s'approcha du foyer éteint que les constructeurs avaient abandonné sur place et s'évertua à allumer un maigre feu avec ce qu'elle avait apporté. Dans un coin éloigné, Io dégotta un quart de bûche très sèche qu'elle lança dans les flammes. Cela suffirait pour ce qu'elles avaient à faire.

— Tu es sûre ? demanda encore une fois Ama à cette dernière.

Assise en tailleur, elle acquiesça avec gravité. Presque cinq nuits s'étaient écoulées avant qu'elles n'aient l'occasion de se glisser hors de l'habitation. Un accident survenu la veille lors de la construction retenait les villageois dans la Longue-maison du Maître, une aubaine. Ama avait craint un instant qu'on ne vienne la chercher, par habitude. L'Esprit l'avait rassurée : il n'avait pas besoin d'elle, et même si cela avait été le cas, il n'aurait jamais fait appel à ses dons devant le Maître. Il estimait qu'il n'était pas nécessaire de lui fournir une raison supplémentaire de la haïr.

Elles entreprirent de faire chauffer de l'eau dans un petit récipient. Une fois qu'elle fut frémissante, Ama y jeta les plantes séchées dérobées chez le chaman, et Yuna fit de même avec un petit sac dans lequel elle préleva deux pincées de poudre à l'odeur herbacée. Elles patientèrent de longues minutes que la décoction infuse, avant de faire allonger Io.

— Bois tout, lui indiqua la chamane. Je te mets à nouveau en garde, ce sera douloureux. Ces plantes vont aider ta matrice à se contracter. Elles peuvent aider à une délivrance compliquée, ou faire revenir un flux de sang tari ou irrégulier, mais la dose que nous te dispensons va provoquer des crampes atroces, pour que ton corps expulse seul le fœtus. Cela peut prendre des heures, de très longues et douloureuses heures. Il y aura du sang, énormément et enfin, une poche, comme un gros œuf de poisson. Préviens-nous dès que tu commenceras à souffrir, nous resterons auprès de toi, nous te soulagerons du mieux que nous le pourrons. Nous t'aiderons, nous serons avec toi, toujours. Es-tu prête ?

La jeune fille acquiesça. Ama allait lui tendre le breuvage fumant lorsque Yuna l'arrêta d'un geste.

— Tu l'as examinée, au moins ?

Surprise, Ama secoua la tête en signe de négation. Quelle idiote elle faisait ! Dans la précipitation, elle avait cru Io sur parole lorsqu'elle lui avait affirmé que sa grossesse ne datait que de quelques lunaisons, sans prendre la précaution de vérifier son état. Habituée à ce que les femmes de son clan comptent les jours séparant leur flux, elle n'avait pas songé que la jeune femme puisse se tromper.

— Examiner quoi ? les pressa Io, impatiente d'en finir.

— Ton ventre, acheva Ama. Je te l'ai dit, si ta grossesse est trop avancée, ça ne servira à rien, pire, ça pourrait te tuer en plus d'être inefficace.

La jeune femme lui lança un regard implorant.

— Ne fais pas cette tête et ne me supplie pas, répliqua Ama d'un ton dur, plus pour se persuader elle-même que pour l'accabler. Allons, je sais qu'il fait froid, mais déshabille-toi. Il faut vérifier.

Elle écarta prudemment le récipient et le déposa loin d'Io pour éviter toute tentative désespérée de cette dernière.

De mauvaise grâce, la jeune fille se leva et retira sa cape et sa longue tunique. En dessous, elle ne portait rien d'autre qu'un pagne qui couvrait son bas-ventre, dans cette matière étrange de fibres tressées qu'Ama n'avait vue que chez les agriculteurs.

Elle l'ôta aussi, et les deux femmes à l'œil exercé purent enfin contempler le renflement de son ventre qui luisait à la lueur des flammes. C'était encore très tôt, pourtant Ama pouvait déjà le sentir, le voir. Sous cette peau fraîche, recouverte d'un léger hâle, frissonnante dans l'air froid, palpitait une vie qui ne demandait qu'à sortir, à s'exprimer, à exister.

Par la Déesse, se demanda-t-elle, *comment une chose aussi belle que celle de la vie prodiguée pouvait émaner d'un homme si détestable ?*

Cette graine en Io, était-ce celle de la vie, ou au contraire le symbole de la mort et de la destruction de son propre peuple ?

— C'est trop tard, asséna Yuna d'une voix tranchante. Ça se voit déjà, Io. Il est là depuis bien plus longtemps que tu ne le pensais.

— Non, souffla la jeune femme, non, non, non !

Elle allait se jeter sur Ama et la renverser pour atteindre la boisson, mais celle-ci lui saisit le bras et l'en empêcha. Io ne faisait pas le poids face à la musculature développée de la chamane. D'un geste ample, Ama la saisit par le haut des épaules et la tira en arrière. Les ongles de la jeune femme griffèrent le sol nu alors qu'elle plongeait en avant sans atteindre le récipient. Prenant les devants, Yuna se leva et, d'un geste impérieux, versa le liquide bouillant par terre.

— C'est beaucoup trop dangereux à ce stade, mon enfant, expliqua doctement la vieille. Nous risquerions de te perdre.

Un long sanglot déchira la poitrine d'Io. Elle s'enroula sur elle-même, les genoux appuyés contre son ventre, comme si elle cherchait par ce geste à comprimer, à étouffer la vie qui poussait en elle.

La chamane jeta un regard de remerciement à sa vieille amie et, toutes deux, elles entourèrent leur sœur avec une délicatesse infinie, la berçant comme un enfant. Un son guttural, que même Ama ne connaissait pas, s'échappa de la bouche de Yuna, qui commença à murmurer un chant, comme elle le faisait pour apaiser sa propre fille. La chamane sentit de longs frissons parcourir son corps tout entier et se communiquer à la jeune femme nue qu'elle berçait tout contre elle. Des larmes d'impuissance lui montèrent aux yeux. Quelles épreuves les attendaient-elles encore ? Sauraient-elles y faire face, se libérer de ce sort sinistre qui s'abattait sur elles ?

Tout au fond de son esprit, alors que Yuna chantait toujours, elle sut que la réponse se trouvait en elles.

Chapitre 14 – Io

Hébétée, la jeune femme plissa les yeux sous la lumière vive du soleil. Après des jours et des jours de froid glacial, ce dernier semblait revenir enfin. La douce caresse de sa chaleur irradia ses membres sous la cape de fourrure, et elle redressa la tête. Le village paraissait reprendre vie après une longue nuit. Une boue collante envahissait les chemins qui menaient aux diverses maisons, dans l'enclos délimité par la palissade.

Déjà, plusieurs hommes s'affairaient à redresser les poteaux tombés pendant l'hiver quand d'autres, à califourchon sur les toits bas, remplissaient de chaume les interstices creusés par les intempéries. Son regard s'attarda sur de petites fleurs blanches qui poussaient contre les murs. La nature s'éveillait après un rude hiver, même si, au loin, les pics des montagnes s'ourlaient encore de neige immaculée.

— Io ! appela la voix irritée de Celle-qui-commande, cesse donc de traîner et rends-toi utile ! On a besoin de bras à la bergerie, la première traite va démarrer.

Io poussa au long soupir et se dirigea vers l'un des abris presque ronds qui hébergeait les animaux.

— Attends-moi donc, l'interpella Yuna derrière elle, nous voulons t'accompagner, toutes les trois. Nous n'avons encore jamais vu traire une brebis. Tu nous apprendras.

Un sourire las se peignit sur le visage fatigué de la villageoise. Depuis cette nuit fatidique où elle avait compris que son sort était scellé, elle vivait comme dans un cauchemar éveillé. Ses pieds avançaient, ses mains effectuaient les travaux habituels, parfois, son dos supportait les coups de Celle-qui-commande. Elle mangeait, buvait, mais était étrangement absente de son propre corps, comme s'il ne lui appartenait plus. Ama, Yuna et Nian l'entouraient de mille prévenances, l'aidaient du mieux qu'elles le pouvaient, même si aucune d'entre elles ne saisissait la crainte intime qui la rongeait : celle de finir comme Na. Si elle tentait de s'enfuir, elle serait tuée, puis jetée comme un vulgaire déchet dans une fosse. Si elle restait, alors jamais elle ne verrait son enfant.

La peur la faisait suffoquer à chaque fois qu'elle y songeait, la paralysait. Pour le moment, le Maître ne l'avait pas rappelée à lui et, en dehors des trois étrangères, personne n'était informé de son état. Pourtant, son ventre s'arrondissait un peu plus chaque jour et elle savait que, bientôt, les trésors d'astuces déployées par Yuna pour agrandir sa tunique se révéleraient vains.

La pénombre de la bergerie les fit hésiter sur le seuil, le temps que leurs yeux s'habituent. C'était la première fois qu'elle amenait ses compagnes auprès des bêtes et elle s'amusa à déchiffrer leur expression. Après des mois enfermées, les brebis étaient plutôt maigres et leur laine, d'un ton jaunâtre sale, paraissait rêche.

— Je ne sais pas pourquoi, déclara la chamane. J'avais imaginé quelque chose de doux, à force de t'entendre en parler.

Elle examina leur regard placide d'herbivore, qui lui rappela vaguement celui des chèvres sauvages qu'elle apercevait parfois. En dehors de cela, ces animaux ne ressemblaient à rien de ce qu'elle connaissait.

Les sédentaires les avaient amenés avec eux, au gré de leurs pérégrinations depuis un continent lointain, il y avait de cela des centaines d'années. Ce mouvement de migration très lent, mais constant vers des terres toujours plus fertiles, toujours plus vastes, le long de la langue de la Méditerranée, les avait conduits jusqu'ici, jusqu'aux terres des clans de nomades du peuple d'Ama. C'était ici qu'ils avaient pris racine pour ensemencer les terres, anthropiser les sols, plus loin, plus nombreux chaque jour. Seules les montagnes immenses, telle la Grande-dent, stoppaient leur progression pour le moment.

Io s'approcha de deux hommes qui s'évertuaient à trier les bêtes, pour garder à l'intérieur les seules femelles gestantes.

— On nous envoie pour la traite, indiqua-t-elle humblement, la tête baissée.

— Humf, bien, répondit l'un d'entre eux, tandis que l'autre l'ignorait. Nous allons sortir les premières, celles qui ne sont pas encore pleines et n'ont pas de lait, à la plus proche pâture. Vous pourrez vous charger de celles qui restent. Tu sais quelle quantité prélever, n'est-ce pas ? Il faut en laisser pour les agneaux.

— Pas d'inquiétude, je l'ai souvent fait.

— Et elles ? questionna-t-il en désignant les trois autres femmes du menton.

— Elles... ne sont pas du village, elles doivent apprendre, je vais leur montrer.

— Assure-toi qu'elles fassent du bon travail, maugréa l'autre. Sinon tu sais que ce sera ta faute, et Celle-qui-commande te le fera payer.

Io acquiesça et fit signe à ses compagnes de patienter.

— Allons, intervint le plus vieux. Tout le monde doit apprendre, un jour. Plus nous serons nombreux et nombreuses à nous occuper des moutons, plus nos troupeaux prospéreront ! C'est pareil pour nos champs, d'ailleurs.

— Ce ne sont que des femmes et celles-là sont étrangères, de surcroît ! pesta l'autre. Elles ne savent rien faire. Je ne sais pas ce qui est passé par la tête de l'Archer de les ramener ici ! Elles n'ont rien à faire chez nous.

— Je ne partage pas ton avis, déclara avec fermeté l'homme aux tempes grisonnantes. Si elles font correctement le travail, il n'y a que des avantages à avoir plus de bras.

— Peuh ! Si au moins elles étaient jeunes et fraîches ! Regarde-les ! Elles ne sont même plus bonnes à être engrossées...

— Ne dis pas des choses pareilles, le tança l'ancien. Bon, mettez-vous sur le côté, et observez, pour le moment.

Les femmes s'écartèrent pour se blottir contre le mur de l'habitation pour laisser passer hommes et bêtes. Les claquements de langues retentirent au milieu des bêlements affolés, suivis des aboiements des chiens qui menaient aussi le troupeau vers l'extérieur. Nian ne put s'empêcher de se boucher les oreilles, tant le bruit, dans cet espace exigu, lui parut insupportable.

— Comment faites-vous pour que les animaux obéissent ? questionna Ama, une fois le calme revenu.

— Nous les avons depuis toujours, répondit Io après un temps de réflexion. Elles sont... habituées à nous, je pense. Et aussi, les chiens. Elles savent que les chiens les surveillent. Ils sont là pour éloigner les loups, elles sentent sans doute qu'ils les protègent.

— Ils ne les mordent pas ?

— Non, pas plus que nous. N'avez-vous pas de chiens, dans vos clans ?

— Si, répondit Yuna. Mais nous ne les possédons pas comme vous possédez ces bêtes-là. Ils nous aident pour la chasse, parfois pour la pêche et en échange, nous les nourrissons, leur prodiguons un abri et eux, de la chaleur.

— C'est un peu la même chose, renchérit Io. Nous protégeons les brebis, nous les menons aux meilleurs pâturages, les gardons des loups et des ours et elles, elles nous offrent leur laine, leur lait et leur viande. C'est une sorte de pacte entre nous.

— Vraiment ? questionna Ama, dubitative. Qui te dit que ces brebis aiment être enfermées de la sorte, et ne préfèrent pas rester dehors, même l'hiver ? Pour moi, ce n'est pas un échange de bons procédés... C'est de l'esclavage, comme pour les femmes.

Ces derniers mots allumèrent une lueur dans l'esprit d'Io. La comparaison avec les brebis, elle l'avait elle-même déjà effectuée, plusieurs fois. Elle se refusait cependant à pousser plus loin sa réflexion, persuadée que le constat serait des plus amers. Elle coupa court à la conversation.

— Venez, je vais vous montrer comment en traire une, et je vous ferai goûter le lait.

L'après-midi était déjà bien avancée lorsqu'elles quittèrent enfin la bergerie. Io constata, devant le babillage de ses compagnes, qu'elles avaient apprécié ce moment de proximité avec les animaux mais surtout, l'absence de la sensation désagréable d'être épiée à tout moment. Qu'il s'agisse de la vie en communauté ou des divers travaux, il y avait toujours quelqu'un, la vieille An, Celle-qui-commande, un homme, pour scruter leur comportement et le moindre de leurs gestes, la jeune femme avait conscience d'à quel point cela pouvait être pesant. Cela agaçait la chamane, qui s'en était ouverte à elle et ce malgré son habitude de la vie en communauté.

— Au sein de notre clan, lui avait-elle expliqué, tout le monde respecte les limites des autres. On ne te dévisage pas avec mépris ou jalousie, et si cela arrive, une bonne discussion règle le problème !

Io en était venue à la conclusion que le clan qu'Ama lui décrivait fonctionnait avant tout comme une famille, un noyau, dans lequel l'entraide était essentielle, et où sa propre survie dépendait de celle des autres, mais aussi de la préservation de l'harmonie entre les membres. Une telle vie lui paraissait bien plus enviable que celle du village et, plusieurs fois, elle se prit à rêver qu'elle pourrait, elle aussi, avoir un jour une vraie famille. Une famille de laquelle Ama pourrait faire partie...

Une ombre fine se projeta sur les quatre femmes, anéantissant ses rêves d'avenir. Une voix aiguë et désagréable, que la femme connaissait désormais bien, retentit dans leur dos :

— Arrêtez-vous, vous autres ! les héla l'Archer, mains sur les hanches. Io ! Suis-moi chez le Maître.

À ces mots, la jeune femme pâlit, et ses compagnes, dans un mouvement instinctif, se serrèrent contre elle d'un seul bloc afin de la protéger du chasseur. La jeune fille perçut, sans presque la voir, la haine qui irradiait de chaque fibre du corps de la chamane.

— Qu'est-ce qui vous prend toutes ? les nargua-t-il. On a décidé de désobéir, hein ? Ce n'est pas très malin... Dois-je vous rappeler ce qui arrive aux rebelles par ici ? Surtout à toi.

Il désigna Nian du menton, et elle recula comme s'il lui avait porté un coup. Yuna sentit des larmes de dépit lui monter aux yeux, elle se souvenait très bien du sort subi par sa petite-fille. Que cet homme ose se servir de sa mort pour les réduire au silence lui fit monter une bile âcre à la bouche. Il n'y avait donc aucune limite à sa cruauté ?

Comprenant que quelque chose n'allait pas, Ama se planta devant le chasseur, mains croisées sur la poitrine, une lueur de colère incandescente dans le regard.

— Encore toi, encore et toujours, maugréa-t-il. Tu te crois protégée, mais ça ne durera pas, je peux te l'assurer. Écarte-toi, et ne m'oblige pas à user de la force.

— Tu ne peux rien me faire, le provoqua la chamane. Essaye de poser tes sales doigts sur moi, comme tu l'as fait sur mon compagnon, et tu verras mille tempêtes s'abattre sur ta pauvre tête ! Je te le promets...

L'homme hésita. Après tout, il n'y entendait rien aux Esprits, aux Ancêtres et au monde de l'après-vie. Tout ce en quoi il croyait, il le tenait de la bouche de l'Esprit et le vieillard était avare de détails. Seuls certains mythes lui revenaient parfois, quand il contemplait ses chiens, par exemple. Il pensait alors à Wat, le chien originel qui guidait les âmes des morts vers la Mère ou le Guerrier, selon leur sexe. Qui savait ce que cette chamane étrangère pouvait faire ? Les forces qu'elle pouvait convoquer ? Et si elle invoquait ses Ancêtres contre lui, commandait à la foudre de s'abattre sur sa maison ou aux flots de la Grande-rivière de tous les emporter ? Pourtant, comme toujours, une idée vicieuse s'implanta en lui et ses pupilles s'étrécirent.

— Si je porte la main sur toi, oui, mais sur une de ces trois-là... Ça ne me fera rien du tout !

Avec la rapidité d'un serpent, il contourna la grande femme pour saisir Io par le bras. La jeune fille, telle une anguille, se déroba à son contact. Il ne parvint à attraper qu'un bout de sa tunique de peau entre ses doigts, lorsque celle-ci, dans un déchirement sonore, céda sous la traction. Un lambeau pendait lamentablement au bout de sa main, tandis que face à lui, désespérée, Io tentait de couvrir son ventre rond avec les morceaux restants.

Stupéfait, l'Archer mit un certain temps à comprendre ce qui venait d'advenir, avant de réaliser la portée de ce qu'il avait sous les yeux. Io était grosse ! Quelle incroyable nouvelle ! Et ce serait lui, le premier à l'annoncer au Maître. Cela lui vaudrait quelque récompense, à coup sûr. Peut-être une de ces nouvelles maisons, plus spacieuses, qu'il pourrait investir avec sa famille... ou bien une épouse supplémentaire ? Il pourrait prendre Nian par exemple, il aimait beaucoup son air de petite bête apeurée, acculée, comme à la traque. Il serait le premier à avoir une épouse étrangère au village et cette perspective, ainsi que le prestige qu'elle lui conférerait, lui fit arborer un sourire mauvais.

— Alors ça, s'esclaffa-t-il. Une belle surprise pour le Maître, petite fourbe...

Sur l'esplanade où tout le village s'était réuni, le Maître triomphait. À ses côtés, Io tremblait de tous ses membres. Non pas à cause du vent frais qui fouettait son visage et son ventre nu, exposé à la vue de tous, mais parce qu'elle redoutait plus que tout ce que l'avenir lui réservait. Elle apercevait à peine, loin vers les deniers rangs, Ama qui contemplait son petit visage ravagé de chagrin sans comprendre ce qu'il se passait. Elle rumina ses souvenirs des derniers jours.

Après l'incident survenu avec L'Archer, ce dernier avait conduit la jeune fille devant le Maître. Après cette entrevue plutôt courte, Celle-qui-commande l'avait ramenée parmi les siennes et expliqué, la voix emplie de dépit, qu'elle serait désormais exempte de corvées, sauf si elle le souhaitait. Sans dissimuler sa déconvenue, elle avait assigné Yuna et Ama, non sans les avoir vertement fustigées pour avoir conservé un tel secret, à la surveillance de la jeune mère.

— C'est la volonté du Maître, avait-elle répondu à la vieille An qui protestait. Oserais-tu remettre sa parole en doute   ?

La vieillarde n'avait pas insisté, malgré la perte de son rôle habituel auprès des futures parturientes.

Après cette annonce, l'attitude de leurs compagnes envers Io s'était considérablement modifiée. Là où la plupart affichaient auparavant un désintérêt poli envers les étrangères, elles les considéraient désormais avec une défiance accrue, et An ne leur adressait plus du tout la parole. Io remercia la Mère en silence, car sans les trois nomades, elle se serait sans doute retrouvée seule à nouveau.

Enfin, presque cinq nuits plus tard, on les avait convoquées dans la Longue-maison du Maître, en présence de l'Esprit et de l'Observateur.

— Vraiment, avait-il déclaré. La grossesse d'Io ne pouvait mieux tomber ! Nous allons pouvoir la fêter en même temps que les premières traites, c'est parfait !

— En effet, renchérit l'Esprit. Les brebis ont donné leur premier lait et les agneaux vont naître sous quelques jours. Le début de la belle saison s'annonce. Les Ancêtres réclament leur banquet.

— Et sous les meilleurs hospices ! éclata l'homme, triomphant. L'Observateur, confirmes-tu les premiers signes ?

— Les perce-neige et les crocus sont sortis, la neige recule sur les sommets et j'ai même vu un faon, non loin de la rivière, l'autre matin, lorsque la harde y venait. Le temps des frimas tire à sa fin, c'est indéniable.

— Bien, avait achevé le Maître. Nous allons procéder aux préparatifs, et Io tiendra une place de choix dans nos célébrations !

L'Esprit et les autres avaient tous acquiescé. Le vieux chaman leur avait ensuite expliqué à toutes les quatre les festivités qui présidaient, chez ce peuple agraire, au retour de la lumière croissante et des premiers nouveau-nés de l'année.

On avait effectué les rituels de purification le jour choisi par l'Esprit en concertation avec le Maître pour honorer ce moment unique du début de la saison. Ils consistaient à laver à grande eau les devants des maisons et les portes, qu'on ornait ensuite de branchages d'arbrisseaux à peine couverts de délicates fleurs rosées. Lorsque les jours enfin rallongeaient, le temps venait de retourner à l'extérieur.

Ce jour-là, elle se tenait sur le vaste espace commun, sous un franc soleil dont le vent, descendu des sommets immaculés où il soufflait sur la neige glacée, chassait la chaleur.

Io, exposée à la vue de tous et toutes, ressentait au plus profond d'elle-même l'hostilité des autres femmes à son égard. En dehors des épouses du Maître, qui l'ignoraient pour l'instant, ses compagnes la contemplaient d'un œil mauvais. La jalousie des autres esclaves sautait aux yeux, et Io se demandait bien pourquoi. Qu'y avait-il à envier chez elle ? Exhibée au côté du Maître comme une vulgaire brebis, son ventre dénudé orné d'une large spirale que l'Esprit avait tracé à l'aide d'une pâte d'ocre rouge et dont le point central était son nombril, elle se sentait plus vulnérable que jamais. Une couronne de fleurs délicates surmontait sa tête toujours baissée, tandis qu'elle ruminait les sombres perspectives qui s'offraient à elle : abandonner son enfant aux mains des épouses du Maître, accepter son sort ou s'enfuir et mourir. Aucune de ces options ne lui paraissait satisfaisante. Même si elle éprouvait des sentiments contradictoires au sujet de l'enfant qui poussait en elle, le laisser devenir l'un des leurs et perpétuer ce cycle d'inégalités lui paraissait impossible.

L'Esprit ouvrit les bras pour intimer le silence à l'assemblée et elle reporta son attention sur la cérémonie. Il tendit une coupe de terre cuite emplie d'eau fraîche au Maître qui la porta à ses lèvres, avant de la passer à Io, qui en fit de même.

— Aujourd'hui, peuple du village de la grande plaine, énonça l'Esprit, nous fêtons le retour de la lumière. Une fois encore, nous avons vaincu le rude hiver glacé, et une fois encore, nous avons résisté aux longues nuits. Les loups s'éloignent de nos maisons, le soleil revient caresser nos champs et bientôt, il sera temps pour nous de recommencer à ensemencer la terre ! C'est de notre travail que vient notre survie, de nos bras que surgit l'abondance. Remercions nos ancêtres pour nous avoir guidés à travers l'obscurité et nous avoir protégés. La Mère nous donnera de beaux agneaux pour l'honorer cette saison et le lait frais abondera[17]. Elle bénit déjà l'une de ses filles en accordant à Io, la sans-famille, un enfant à venir. Puisse sa fécondité être du meilleur augure pour ces temps de lumière.

Une clameur s'éleva des rangs des villageois, qu'Ama observait, fascinée par cette cérémonie inconnue. Les mots lui paraissaient vides de sens, sans aucun lien palpable entre eux, en dehors de la reconnaissance du cycle des saisons. Seule la grande Déesse engendrait la nouvelle lumière, avant de connaître son apogée et de

---

[17] Interprétation libre de la fête agraire millénaire connue aujourd'hui sous le nom de « Imbolc », qui signifie en irlandais « dans le lait », fêtée traditionnellement autour du 1er février. Il est couramment admis que les peuples néolithiques possédaient des connaissances astronomiques poussées et qu'ils pouvaient, sans certitude aucune, marquer les événements cosmiques de l'année par des cérémonies et des banquets, comme ici pour marquer le moment médian entre le solstice d'hiver et l'équinoxe de printemps.

retourner à la terre pour se reposer. Une saison après l'autre, telle était la vie. C'était donc ainsi que l'Esprit les tenait en son pouvoir, en se faisant le dépositaire unique de savoirs pourtant communs. Il suffisait de sentir dans l'air le changement de température, de regarder, le soir, les ombres qui s'allongeaient dans les herbes hautes pour comprendre. La Déesse se réveillait, comme toujours, dans cette spirale immuable du temps. La course du soleil dans le ciel changeait, celle des étoiles aussi. Lorsque l'on savait regarder, il n'y avait pas de mystère dans la nature, juste un cycle immuable dont ils faisaient partie. Elle se mordit l'intérieur des joues pour ne pas crier à la face de ce peuple aggluté autour des deux hommes que tout cela, elle le savait, et bien mieux que leur chaman. Elle prit soudain conscience qu'elle aurait pu, si l'occasion se présentait, briser cette communauté avec de simples paroles. Mais l'auraient-ils écoutée ou, au contraire, criblée de flèches pour avoir osé interrompre des hommes ? L'Archer surtout... cette fouine qu'elle détestait de tout son cœur. Elle ravala son sentiment d'iniquité et de colère. Ce combat n'était pas le sien, elle n'était pas venue délivrer ces gens, ce n'était pas son peuple. Seule sa vengeance comptait, et dès qu'elle l'aurait accomplie, ils seraient libres de faire leur propre choix.

En face, Io conservait la tête basse pour ne pas avoir à affronter tous ces visages hostiles. La jeune femme se doutait bien de ce qu'il se murmurait dans les rangs, elle l'avait déjà entendu lors de l'annonce de la grossesse de Na. Elle voyait encore l'air joyeux, épanoui, de la jeune mère, les promesses mielleuses qui pleuvaient de la bouche du Maître et dissimulaient la vérité : elle perdrait son enfant quoi qu'il arrive, et jamais ne serait libre. Les douceurs qu'il lui faisait porter, les belles fourrures épaisses pour garnir sa couche, tout cela pour endormir sa méfiance. Na lui avait même confié qu'il construirait une maison rien que pour elle et l'enfant. Comment avait-elle pu croire une chose pareille, lorsque l'Archer vivait en compagnie de ses deux épouses et leurs enfants avec ses propres parents ? Son aveuglement lui revenait désormais en pleine figure, sans qu'elle puisse changer quoi que ce soit à son propre sort. Désormais, c'était à elle que le Maître réservait ses mots vides de sens. Au moins, elle n'était pas dupe, même si elle n'entrevoyait aucune solution. Elle serra les poings jusqu'à enfoncer les ongles dans sa paume. Pour la première fois de sa vie, une volonté irrépressible de s'élever contre cette injustice de ne plus subir s'insinuait en elle. Elle ne savait pas encore comment s'en sortir, mais si la moindre occasion se présentait, alors elle la saisirait.

— Oh Mère ! hurla l'Esprit, bras tendus vers le ciel, puis vers le sol. Accorde-nous une terre et des femmes fertiles, de belles récoltes à venir et les chauds rayons pour dorer nos épis. Et toi, Guerrier, avec ta force, guide ton peuple, garde-nous des intempéries et des ravageurs. Protège ton peuple, les agriculteurs.

Une fois son discours achevé, il se tourna vers Io, une écuelle pleine de lait frais à la main. Alors qu'il la lui tendait avec autorité, elle la saisit machinalement et but à même la terre cuite, avant de la donner au Maître qui fit de même. Sous le regard médusé d'Ama, il renversa le reste à terre, alors qu'elle fronçait le nez devant un tel gâchis.

Ce fut comme si un signal avait ordonné à la foule de s'égayer. Les femmes se levèrent, Ama et ses amies comprises, pour apporter au centre de l'esplanade de lourdes cruches et des plateaux de bois emplis de viande crue, celles des premiers agneaux sacrifiés. Dans de larges plats d'argile, les grains cuits ainsi que les derniers tubercules restants servaient d'accompagnements. Les bras chargés d'un pot empli de graisse, les hommes badigeonnèrent les morceaux de viande, avant de les poser sur des clayettes de petits bois au-dessus des braises incandescentes. Le souffle ranima les feux allumés la veille et, bientôt, une odeur de viande rôtie se répandit dans tout le village.

Le Maître gagna sa place, au centre d'un ovale formé par les habitants, et donna le signal pour que tous commencent à manger. Seuls les esclaves patienteraient, avant de se répartir les restes. Scandalisée par cette façon de faire, Ama tentait de conserver son calme tout en accomplissant ce qu'on attendait d'elle. Dès qu'elle soufflait un peu, ou tentait de se soustraire à la demande d'un convive, Celle-qui-commande apparaissait comme par magie dans son dos, ce qui l'agaçait profondément. Elle s'approcha de Yuna jusqu'à la frôler.

— J'ai besoin de ton aide, même si cela me coûte de te la demander, murmura-t-elle à la vieille femme.

Occupée à remplir un grand plat de côtelettes dont la délicieuse odeur mettait leurs estomacs vides au supplice, la vieille femme leva les yeux vers la chamane.

— Tu sais que tu peux compter sur moi.

— On m'a confié le service de la boisson du Maître, ce jus fermenté à base de fruits rouges qu'ils ont l'air d'apprécier.

— J'ai vu, oui. Cela à l'air de les rendre euphoriques, comme certaines infusions.

— C'est cela. Je veux servir au Maître une boisson, disons... spéciale. Mais Celle-qui-commande me suit comme mon ombre !

Les yeux de Yuna s'arrondirent de surprise, avant qu'un fin sourire ne se peigne sur ses traits.

— Tu ne devrais même pas me poser la question ! lui répondit-elle avec enthousiasme.

Le son aigrelet des flûtes d'os s'éleva depuis les lèvres de quelques hommes, suivi du rythme lancinant des tambours. Ama se saisit d'un récipient vide, tendue. À quelques pas d'elle, Yuna, les bras chargés d'un énorme pot en terre cuite empli de gruau, trébucha sur une pierre en poussant un petit cri. Nian, juste devant elle, réussit à rattraper de justesse le récipient et à préserver son contenu, tandis que sa mère s'étalait de tout son long, écorchant ses mains ridées sur le sol dur.

— Espèce de maladroite ! hurla Celle-qui-commande, qui délaissa instantanément Ama. Vois ce que tu as failli faire !

— Tu devrais plutôt te réjouir que ma fille ait été là au bon moment, maugréa la vieille femme à son adresse. Plutôt que de me reprocher la raideur de mes vieux membres.

C'en fut trop pour Celle-qui-commande. Elle abattit sa main pour frapper Yuna. La gifle retentit, si sonore qu'elle couvrit la musique, et tous se tournèrent vers la scène qui venait animer le repas. Malgré la douleur, Yuna ne détourna pas le regard et tint tête à la cheftaine, dont les joues rougissaient de fureur. Profitant du vacarme, Ama versa dans sa cruche le champignon réduit en poudre qu'elle avait subtilisé chez l'Esprit, puis se glissa comme une ombre vers le Maître.

— Je vois que ta coupe est vide, lui susurra-t-elle tout contre son oreille. Laisse-moi te la remplir.

L'homme, les yeux déjà vitreux, se tourna vers la grande femme, surpris par le ton doucereux de sa voix, presque envoûtant. Il l'observa longuement, un demi-sourire aux lèvres alors qu'elle se penchait avec ostentation pour lui dévoiler la naissance de ses seins. Il déglutit tandis qu'elle le servait enfin et que le voile de ses épais cheveux balayait son épaule en un mouvement lent. Leur parfum, mélange astucieux de lavande et de menthe fraîche, envoûta l'homme qui lui déclara :

— Tu changes enfin d'attitude, c'est bien.

Il planta ses yeux dans les siens tout en engloutissant la boisson amère d'un seul trait. Satisfaite, elle entreprit de remplir le verre d'un geste impérieux.

— Sers donc aussi Io ! s'exclama-t-il soudain. Qu'elle profite de la fête, après tout ! C'est aussi la sienne...

Il caressa avec douceur les cheveux de sa protégée, alors que la chamane, déconcertée, se composait rapidement un visage complaisant en s'approchant de son amie.

Elle la servit docilement, se pencha vers elle et lui murmura dans le creux de l'oreille :

— Surtout, fais semblant de boire et débarrasse-toi de ça dès que possible.

La jeune femme la contempla d'abord dans comprendre, avant de porter la coupe à sa bouche, sans toucher le liquide. Le Maître regardait déjà ailleurs, absorbé dans une conversation avec l'Observateur qui se tenait à sa gauche.

Ama en profita pour s'éloigner, un sourire discret sur son visage. Tout se mettait en place selon sa volonté, il lui fallait seulement patienter.

Elle n'aperçut pas que l'Observateur, les yeux étrécis, n'avait rien manqué de son petit manège.

Chapitre 15 – Ala

— Il faut aller la chercher ! hurla Ala, poings en avant, sillons salés sur ses joues pâles.

Ses longs cheveux en bataille, les cernes violacés qui ourlaient ses grands yeux noisette habituellement rieurs, ses gestes amples, tout en elle exsudait une détresse palpable et de nombreuses nuits sans sommeil.

— Calme-toi, l'enjoignit Ian.

Il comprenait la peine de sa compagne, de même que sa rage brûlante, mais un coup d'œil à la petite assemblée de l'abri du Martin-pêcheur l'incitait à plus de mesure. Réfugiés chez leurs plus proches voisins avec ce qu'il restait de leur propre clan, ils ne pouvaient exiger quelque chose sans difficulté. Les deux personnes qui se partageaient le pouvoir, Urs et Mia, les avaient recueillis avec générosité, bien qu'autant de bouches à nourrir en plus représentent un fardeau. Les inciter à se mettre en danger face à Ceux-des-longues-maisons requérait un peu de diplomatie. Hurler n'aidait en rien.

— Nous sommes trop peu nombreux, objecta Mia. Leur village est entouré de larges palissades, ils ont des épieux et des arcs… C'est voué à l'échec. Je suis désolée.

La compagne du chaman avança une main compatissante vers la jeune fille. Cette dernière la repoussa avec violence.

— Voici des lunes que nous nous terrons ici, reprit Ala. Et pendant ce temps, ma mère…

Les mots se bloquèrent dans sa gorge, lui coupant la respiration. Depuis cette terrible journée de chasse, il lui était devenu impossible d'évoquer Ama sans pleurer. Elle ne parlait jamais de Bec non plus, comme si évoquer sa mort pouvait la rendre concrète, définitive.

— Ça suffit, déclara Urs d'un ton dur. Il faut quand même que quelqu'un te le dise, Ala. Ta mère est sans doute morte.

Le mot prononcé par le chaman tomba comme une pierre dans le silence qui rampa au-dessus des têtes. Nombre d'entre eux baissèrent les yeux, dans l'incapacité de faire face au visage meurtri de la jeune orpheline. D'autres acquiescèrent, certains que le temps du deuil était venu et qu'il fallait laisser ces morts en paix.

— Que... qu'as-tu dit !? s'étrangla Ala qui se retenait avec peine aux épaules d'Ian.

— Ce que nous sommes nombreux à penser, à présent, continua-t-il d'un ton raisonnable. Tu l'as dit toi-même, le temps a passé sans que nous obtenions un signe de vie d'Ama. Et vu ce que ce peuple a fait aux autres, il y a peu d'espoir.

— Comment obtenir des signes de vie en restant assis sur nos gros culs, à attendre qu'on nous oublie ! cria-t-elle, enragée.

— Ala... gronda Urs. Souviens-toi de qui t'a recueillie !

— Et je vous en serai toujours reconnaissante, Mia, Urs et à tout l'abri du Martin-pêcheur ! Mais si c'est pour rester ici et ne rien faire alors... je ne suis pas certaine que ça en valait la peine.

Ces paroles entraînèrent des murmures réprobateurs, tandis que tous se retinrent d'exprimer ouvertement le fond de leurs pensées, conscients que le deuil influençait ses paroles. Ala s'assit, épaule contre épaule avec Ian, tandis que San, son ancienne amante, lui prenait la main. Muette, la jeune fille remercia la Déesse de lui avoir au moins donné ces deux personnes qui, par leur soutien inconditionnel et leur amour, lui permettaient de survivre à cette épreuve douloureuse. Leur trio se complétait si bien, dans tous les sens du terme, qu'elle se demanda pourquoi elle n'avait pas songé plus tôt à s'installer avec ses deux plus proches amis dans une vie à trois.

— Je suis certaine que ma mère est encore en vie, déclara-t-elle, menton relevé. Nous n'avons pas besoin de les confronter pour nous en assurer, si nous nous approchons assez du village...

— Et ensuite ? Risquer la mort ? s'exclama Tal, son nouveau-né endormi sur sa poitrine.

— Comment peux-tu oublier, toi entre toutes, l'aide qu'Ama vous a toujours prodiguée ? intervint San, un air de mépris sur le visage. Je nous trouve tout de même rapides à l'abandonner à son sort. Si Ala a raison, alors nous devons tout mettre en œuvre pour la tirer des griffes de ces assassins !

— Et comment ? questionna Mia, du ton qu'elle prenait lorsqu'elle s'adressait à elle enfant. Je l'ai déjà dit, ma fille, nous sommes trop peu nombreux. Il faut se montrer raisonnable.

— D'autres clans peuvent peut-être nous prêter main-forte ? glissa Ian. Longue-vallée nous fournirait avec certitude quelques bons chasseurs, si nous leur en faisions la demande. Idem pour ceux de Serre-fermée.

Plusieurs murmures approbateurs accueillirent son idée et Ala lui lança un regard empreint de reconnaissance. Enfin, elle entrevoyait une lueur dans l'obscurité.

— Il faudrait leur envoyer un messager... Or les cols sont encore enneigés, grommela Urs.

Ala sourit, son ton avait déjà changé. Le chaman commençait à s'ouvrir à l'éventualité d'une expédition chez Ceux-des-longues-maisons pour tirer sa mère de leurs griffes. Elle en était désormais persuadée, celle-ci était vivante. Elle n'aurait su l'expliquer, cette conviction viscérale lui collait au corps, lui procurant un dernier espoir.

— Et ceux de la Grande-conque ? renchérit San. Ils sont plus proches que nous de leurs habitations. Ils ont peut-être des informations que nous ignorons ?

— Peut-être, déclara sa mère. Il nous sera plus simple de les atteindre que ceux des montagnes, dans tous les cas.

Un bruit interrompit les palabres et se répercuta sur les voûtes de la caverne. Comme s'ils ne faisaient qu'un seul corps, Mia et Urs se levèrent d'un bond pour se diriger vers l'entrée du vaste abri sous roche, bien plus large que celui du clan d'Ala.

Ils disparurent de son champ de vision et elle se redressa, pour comprendre de quoi il retournait. Des éclats de voix surpris, bien que non hostiles, parvinrent jusqu'au petit groupe, avant que la compagne du chaman ne revienne vers eux, le visage grave.

— Il n'y a pas besoin de se rendre à la Grande-conque, ou d'y envoyer quelqu'un... Teni, un de leurs chasseurs, vient d'arriver, et il ne porte pas de bonnes nouvelles.

Plus tard ce soir-là, lovés tous trois l'un contre l'autre sous les fourrures, telle une portée de louveteaux, les jeunes gens demeuraient muets, tant ils ressassaient chacun de leur côté les événements de la journée.

— C'est peut-être notre seule chance, lança Ala dans le silence épais.

— Je le crois aussi, répondit Ian, tout en caressant les cheveux blond cendré de San.

Cette dernière, les yeux mi-clos, approuva.

— Cela va tout de même nous demander une certaine organisation, continua le jeune homme. Nous ne pouvons pas partir comme cela, sans savoir à quoi nous attendre. Ces villageois ont l'air redoutables, surtout celui qui...

Ian n'acheva pas sa phrase, il n'en avait pas besoin. Les deux autres comprirent immédiatement à qui il faisait allusion. Le rictus affreux de celui qui avait tué son père dansa devant les yeux d'Ala et elle secoua la tête pour refouler la peur qu'elle sentait sinuer sous ses propres côtes.

— Nous devons prendre toutes nos précautions, nous faire aussi discrets que des lynx. Découvrir si ma mère est en vie.

— Nous ne pourrons nous permettre qu'ils nous voient, pas même elle, insista Ian. Bien camouflés, cela ne devrait pas poser de difficulté.

— J'ai peur qu'il soit plus dur de convaincre mes parents que de nous retenir d'emmener tout de suite Ama avec nous, une fois que nous l'aurons trouvée, marmonna San.

De petits rires complices accueillirent ses paroles.

— Je ne pense pas, pas après le récit que nous a fait Teni cet après-midi. Tu as vu, l'inquiétude et la peur dans leurs yeux ? Les confidences sur l'enlèvement de Yuna, Nian et sa fille doivent encore résonner sous tous les crânes. Ils savent que nous n'avons plus que deux choix : soit nous restons sans rien faire et nos clans seront décimés les uns après les autres, soit nous nous unissons et nous mettons un terme aux actes de Ceux-des-longues-maisons.

— Tu as raison, approuva San. Mes parents ne sont pas des lâches, ils agiront, surtout si la Grande-conque et les autres nous appuient.

— Teni nous a aussi livré des informations précieuses sur leur village, notamment sur leur zone de pêche au bord de la Grande-rivière, réfléchit Ala tout haut. Nous pourrions nous rendre d'abord à la roselière qu'il nous a indiquée, celle où Yuna et les autres ont croisé les femmes de leur village, la première fois, comme cette dernière le leur a rapporté. Si nous nous y postons et attendons qu'elles viennent, à l'affût, comme à la chasse, nous pourrions peut-être nous aussi récolter de précieuses indications sur eux. Et si Mère est avec eux, la preuve sera faite.

Elle sentit la pression de la main de son compagnon dans son dos, et perçut l'éclat d'excitation qui illuminait ses yeux dans la pénombre.

— Oui, comme à la chasse, confirma-t-il. Et comme pour la chasse, nous devons être frais et nous reposer. Dormons, de longues journées nous attendent.

Jamais Ala n'avait porté camouflage plus réussi. Tapie derrière un rideau de roseaux, accroupie dans les quelques centimètres d'eau glacée qui léchaient la rive boueuse derrière elle, elle se cachait. Bien malin celui qui aurait deviné dans ce tas informe une silhouette humaine.

Elle savait que, plus loin, Ian, perché au sommet d'un pin maritime aux branches immenses, surveillait les environs, lui aussi invisible sous son manteau d'écorce et de végétaux.

Quant à San, elle se cachait dans les rochers, en contrebas, et Ala ne pouvait la distinguer non plus. Teni, le chasseur de la Grande-conque, et Mia les avaient accompagnés pour s'assurer que l'endroit était le bon, et étaient eux aussi totalement invisibles. Le plus dur commençait. L'attente. Elle espérait que ses jambes ne céderaient pas sous les assauts du froid qui perçait son épiderme de milliers d'aiguilles d'os. Postés avant que l'aube n'éclaircisse le ciel à l'Est, ils patientaient, immobiles, le souffle ralenti, comme s'ils s'apprêtaient à fondre sur une harde de daims particulièrement farouches.

Comme les rayons du soleil effleuraient la terre et commençaient à réchauffer l'atmosphère de ce matin de printemps, un trille, bref, suivi d'un plus long, retentit au bord de la grande rivière.

Les flots tumultueux avaient beau frapper les rochers, elle entendit distinctement l'appel d'Ian. Quelqu'un approchait.

Elle se recroquevilla encore plus dans son maigre abri pour se fondre dans la végétation qui l'entourait, cherchant à ne faire qu'une avec la nature.

Le signal lancé par son compagnon résonna à nouveau. Il y avait plusieurs personnes, c'était certain. Ala tenta d'apaiser son cœur, en vain. Ce dernier se gonflait d'un espoir qu'elle cherchait à étouffer, mais cela paraissait impossible. Elle inspira profondément pour ne pas se laisser submerger par les émotions qui tourbillonnaient sous son crâne, et rouvrit les yeux, déterminée. Le son étouffé de voix claires effleura ses tympans. Elle se concentra, pour tenter de découvrir dans ces sons légers, le timbre grave de sa mère, qu'elle était capable de reconnaître entre mille. Le bourdonnement du sang dans ses oreilles l'en empêcha et elle s'exhorta une fois encore au calme, lorsque la surface de la rivière se couvrit d'éclaboussures.

Un groupe de femmes posa de larges paniers sur la rive caillouteuse, pour se préparer à pénétrer dans l'onde glacée pour récolter quelques coquillages. Exactement comme Teni le leur avait rapporté. Elle scruta ces dernières de ses yeux perçants. Elles étaient six. Une vieille à l'air revêche et aux cheveux blanchâtres relevés en un chignon tiré sur le haut de son crâne attira son attention, mais elle se détacha vite de son visage ridé. Plus loin, une fille plus jeune, le vendre lourd d'une grossesse en plein épanouissement, se penchait avec difficulté pour relever les pans de sa tunique et ôter ses bottes de peaux. Son cœur rata un battement lorsqu'elle distingua aussi le corps voûté de Yuna parmi le groupe. Elle plissa les yeux, à la recherche de celle qu'elle espérait apercevoir plus que tout.

C'est alors qu'elle la vit. La haute silhouette, plus grande que celles des femmes des Longues-maisons, s'accroupit devant la future mère, un sourire mélancolique sur son visage. Les fines ridules au coin de ses yeux se relevèrent alors qu'elle lui offrait son aide tout en lui parlant avec douceur, ses longs cheveux gris aux reflets pâles rejetés dans son dos. Le cœur d'Ala manqua de se fendre dans sa poitrine. Sa mère, sa mère était vivante ! Elle enfonça de toutes ses forces ses dents dans la chair tendre de son poing fermé, pour retenir le hurlement qui gonflait dans sa poitrine en feu. Le goût doucereux, chaud, du sang frais se répandit dans sa bouche, tandis que larmes roulaient, seules, sur ses joues. Malgré les crampes dans ses jambes raidies par le froid, elle se retint de tomber en arrière, sous le choc.

« *Mère* », murmura-t-elle tout contre sa chair meurtrie. « *Oh mère, louée soit la Déesse.* »

Sur la rive, les femmes achevèrent de se préparer et, tout en poussant de petits cris aigus lorsque les vagues fouettèrent leur peau nue, s'engagèrent dans le faible courant. Elles prenaient cependant garde à ne pas gagner le milieu de la puissante rivière, traître par nature.

Ala contempla encore sa mère, penchée en avant, ses longs cheveux gris qui balayaient ses épaules tendues. Elle distingua les petits coquillages, les tresses lâches terminées par des perles d'os. Les souvenirs l'assaillirent avec force. L'odeur chaude, ensoleillée de celle-ci lorsqu'elle revenait du plateau, sa besace de cuir emplie de plantes et de fleurs dont elle lui enseignait les noms. Sa silhouette accroupie lorsqu'elle broyait ces mêmes plantes séchées, les mélangeant pour créer les remèdes dont tous avaient besoin. Le parfum qui flottait toujours autour d'elle, une fragrance qui mêlait herbe coupée, humus et terre sèche. Si elle avait su, Ala aurait profité de ces instants complices avec cette mère puissante, forte, mais parfois si distante, lorsqu'elle parlait à la Déesse. La jeune femme avait toujours senti qu'elle ne lui appartenait pas tout à fait, que sa fonction n'en faisait pas seulement sa propre mère, mais celle de tout le clan. Elle en avait souvent éprouvé une profonde frustration et même de la rancœur envers celle qui, dévouée aux autres, oubliait quelquefois sa fille. Elle savait désormais qu'il n'en était rien. Que tout ce qui comptait, c'était qu'Ama soit encore en vie et qu'elle-même fasse tout ce qui était en son pouvoir pour la sortir de là. La détresse qu'elle ressentait l'étreignit tout entière et, sans pouvoir se retenir, elle chuta sur les galets dans une éclaboussure sonore.

Le visage tourné vers le courant, Ama remercia la Déesse en silence pour le rayon de soleil qui caressait son dos. Le froid de l'eau claire lui mordait les mollets si vivement qu'elle ne sentait plus que des fourmillements. Un bruit soudain, comme un clapotis, lui fit redresser la tête. Elle scruta la roselière, persuadée que le son provenait du labyrinthe presque impénétrable de plantes aquatiques qui dressaient leurs feuilles vers le ciel.

— Tu as entendu ? demanda-t-elle à Yuna juste un peu plus loin.

— Quoi ? lui demanda la vieille femme qui se redressa avec difficulté.

La chamane scruta ses autres compagnes, toutes éloignées de plusieurs mètres de la rive.

— Rien, la tranquillisa-t-elle. Ne reste pas trop longtemps dans l'eau, c'est mauvais pour tes articulations, elle est froide.

L'autre acquiesça, mais lui indiqua du menton Celle-qui-commande, postée un peu plus loin, au sec sur un large rocher.

Elle haussa les épaules et reporta son regard sur la rive opposée. À petits pas, elle décida de se rapprocher, prenant garde aux galets glissants qui tapissaient le fond. Les algues s'enroulaient autour de ses chevilles. Le courant se fit plus vif et, sous ses pieds, le sol se mua en sable, alors qu'elle s'enfonçait dans l'eau glaciale jusqu'aux cuisses.

Elle retint un cri, mais persista, les yeux rivés sur le rideau végétal. Tout avait pourtant l'air calme, aucun autre bruit ne lui parvenait à présent par-dessus le tumulte de la rivière. Mue par une étrange inspiration, elle ne parvenait pas à détacher le regard de la roselière, comme si quelque chose l'appelait.

—Toi là-bas ! hurla Celle-qui-commande dans son dos, ce qui la tira de sa torpeur. Où crois-tu aller comme ça ? Reviens ici et vite !

Ama se retourna sans répondre, une idée folle la traversa soudain. Et si elle se jetait là, dans le courant, se laissait emporter par la force de la rivière ? Elle avait toutes les chances de se noyer, aussi bonne nageuse fut-elle, mais aussi de s'en sortir, de s'échapper et, peut-être de rejoindre la rive opposée sans jamais se retourner. Cela signifiait aussi abandonner tout espoir de vengeance. Sans parler de ses compagnes d'infortune, même si, elle se le répétait assez souvent, elle n'avait pas pour mission de les sauver.

Le bruissement impromptu des ailes d'une foulque brisa sa réflexion, plus encore que les vociférations affligeantes de Celle-qui-commande, Elle soupira, un léger sourire aux lèvres. Le charme était levé, elle s'en retourna vers les autres.

— Comment va-t-on faire, à présent ?

Les jambes encore parcourues de fourmillements désagréables, Ala frottait sa chair rougie par le froid alors qu'elle écoutait les débats qui faisaient rage au sein de l'abri du Martin-pêcheur.

— Nous savons qu'elles sont vivantes, nous ne pouvons plus les laisser à la merci de ces... gens.

Mia avait craché le dernier mot avec un dégoût si visible que l'on comprenait qu'elle ne leur attribuait ce qualificatif que pour faciliter le dialogue. Tous désormais, flambaient d'une colère et d'une impatience inquiétante.

— Il ne faut pas nous précipiter, expliqua Urs, une main sur le dos de sa compagne. Attendons la réponse de Serre-fermée, qui ne devrait pas prendre plus de trois ou quatre soleils. Une fois que nous serons tous réunis, nous pourrons élaborer un plan d'attaque.

— Ne pouvons-nous rien faire en attendant ? demanda San.

— Tu as une idée ?

— Non, je l'avoue, répondit la jeune fille.

— Moi j'en ai une, renchérit Ian. Simple, et qui ne nous demandera pas d'attendre que nous nous coordonnions avec les autres clans, pour l'instant. Je pense que cela peut faire une différence, sans nous mettre en danger ni nous dévoiler.

— Je t'écoute, l'enjoignit Urs.

À ses côtés, Ala caressa gentiment l'épaule du jeune homme. Elle était fière de son compagnon, et s'aperçut que la même flamme brillait aussi dans les yeux de San.

— Ils emmènent souvent leurs bêtes paître sur le plateau, n'est-ce pas ?

— Oui, confirma le chaman. Ils prennent de plus en plus d'espace, empiètent sur nos territoires de chasse.

— Je les ai même vus ériger des espèces de bornes, expliqua Teni, toujours présent dans l'abri. L'un des leurs y grave des scènes dans la pierre tendre. Comme s'il revendiquait la terre pour eux seuls. Comme ils le font pour la rivière, lorsqu'ils la remontent toujours plus loin. Comme ils le font pour le bois, les terres et maintenant... les nôtres !

Des murmures réprobateurs, mais aussi inquiets, s'élevèrent sous la voûte rocheuse. On y décelait aussi une pointe de peur palpable. Si les agriculteurs croissaient toujours plus, qu'adviendrait-il du peuple nomade ?

— C'est cela, poursuivit le jeune homme, devant son auditoire désormais captivé. J'ai vu leurs chiens, leurs façons de garder ces animaux. Il nous serait très simple d'en tuer quelques-uns et de faire passer cela pour des attaques de loups.

— À quoi cela servirait-il ? le coupa Mia. Je n'aime pas l'idée de nous attaquer gratuitement à des animaux qui, eux, ne nous ont rien fait...

Des chuchotis accueillirent cette déclaration. Ian le savait, beaucoup ici répugnaient à tuer pour rien, tout comme lui. C'était pourtant une nécessité.

— À leur faire peur... Ils se sentent plus forts que tout, plus forts que la Déesse, qu'ils méprisent et agressent. Je n'apprécie pas plus que toi de devoir faire ce genre de chose, Mia. Mais dis-toi bien que la nature est capable de se venger, et nous pouvons l'y aider. Instillons la crainte dans leurs cœurs secs. Ils se concentreront sur les attaques dont leurs troupeaux sont victimes, délaisseront leur village et ses alentours. Ils chercheront des solutions à ce problème, et nous laisseront le champ libre pour frapper dès que nous le pourrons. Ensuite...

Il n'acheva pas sa phrase, pour que chacun ait bien le temps d'intégrer ses propos, de visualiser ce que cela pouvait rapporter.

— Ian, je dois te l'accorder, tu es malin. J'approuve cette tactique. De plus, sourit Urs, cela ne me dérange pas de leur flanquer la frousse ainsi. Ils y réfléchiront peut-être à deux fois avant de s'engager vers nos sites de chasse.

Des éclats de rire, les premiers depuis de longues lunes, résonnèrent sous les voûtes ocre de l'abri, s'élevant avec les volutes de fumée du foyer commun. Dans son coin, Ala acheva de remettre ses chausses de daim souple. Enfin, la délivrance était proche. Elle le sentait, elle le savait. Rien ne serait simple ni facile. Ces villageois étaient plus rusés que des renards, et bien plus cruels.

— Et ensuite ? intervint-elle pour la première fois.

— Il nous suffira d'assaillir ces envahisseurs, de les prendre à leur propre piège, de nous servir de leurs faiblesses. Par le feu. Par la pierre. Nous réduirons ce village en cendres et récupérerons les nôtres.

Des hurlements de loup s'évadèrent avec force des gorges de tout le clan, accompagnés de claquements de langue et de cris gutturaux. L'éclat des lames de silex dansa sous les flammes des lampes à graisse et imprima dans les rétines d'Ala une cavalcade vengeresse, lancinante et puissante. Une onde glacée parcourut son échine.

Par le feu, par la pierre.

Le sentier de la guerre s'ouvrait sous leurs pas.

Allait-il tous les engloutir ?

Chapitre 16 – Ama

— Le Maître ne va pas bien, ces derniers temps.

Concentrée sur le nœud qu'elle effectuait à l'aide d'une longue bande fibreuse, Ama fit tous les efforts possibles pour conserver un visage impassible. En son for intérieur, elle jubilait. Elle saisit avec délicatesse un large fagot d'herbe de feu et le lia avec lenteur et précision, tout en tendant l'oreille.

— Vraiment ? commenta l'Observateur, sans une once d'inquiétude dans son ton neutre.

L'homme aux yeux de silex passait de plus en plus de temps dans la demeure de l'Esprit, ce qui gênait Ama, compliquait la préparation de la poudre qu'elle faisait ingérer au Maître. Un peu chaque jour. C'était lent, mais nécessaire.

— Oui. Il éprouve une immense fatigue et de grandes douleurs aux jambes, surtout la nuit. Un peu comme si son corps refusait de prendre du repos. L'autre matin, quand je me suis rendu chez lui, ses paupières étaient si bouffies qu'il peinait à les ouvrir.

— Étrange maladie, en effet.

— Cela n'a pas l'air de t'inquiéter plus que cela...

— Pourquoi m'inquiéterais-je pour lui ? Le ferait-il pour moi ?

— Humpff... grommela le chaman. Certaines plantes, lorsqu'elles fleurissent au printemps, peuvent avoir cet effet-là. Gonflements, nez bouché, irritations... Je lui ai indiqué de les baigner avec une infusion de fleur-de-soleil[18] séchée, pour apaiser l'inflammation, cela a eu l'air de le calmer. Il y a cependant quelque chose d'autre...

Derrière les deux hommes, Ama se raidit. Elle tenta de dominer ses envies contradictoires de quitter en trombe l'habitation ou de leur hurler que c'était elle, la responsable des malheurs qui allaient bientôt

---

[18] Camomille romaine.

s'abattre sur eux. Que tous, mais surtout les assassins de son compagnon bien-aimé, périraient bientôt sous les coups de la colère de la Déesse. Que l'on ne s'en prenait pas impunément à son clan. Elle tint bon, arc-boutée sur son travail. Ainsi, elle avait l'air de trier les plantes le plus scrupuleusement du monde.

— À quoi penses-tu ? le questionna l'autre, soudain intéressé.

— Je ne sais pas... peut-être un mal plus profond.

— Le Maître est adepte des excès en tout genre, balaya l'Observateur. Les récentes célébrations ont encouragé ce penchant, voilà tout.

— Tu as raison sans doute. Je vais lui conseiller une bonne diète, cela devrait s'arranger seul. Pour ses douleurs et inflammations, je pensais à des cataplasmes de langue-de-brebis[19], cela fonctionne bien en général. Qu'en dis-tu, Ama ?

Ce n'était pas la première fois que le vieil homme se tournait vers la chamane étrangère pour confirmer ou infirmer un soin. Elle avait cependant noté qu'il ne la questionnait jamais sur les Ancêtres, les cultes à rendre à la Mère ou au Guerrier, et tout ce qui, de façon générale, touchait au domaine des Esprits. Se méfiait-il d'elle ? Ou considérait-il qu'une femme, même chamane, ne pouvait posséder une science de ces choses invisibles ?

— Je ne connais pas la plante dont tu parles, se contenta-t-elle de répondre, le dos toujours courbé sur ses herbes.

— Elle doit posséder un autre nom pour toi, elle est très commune au bord des ruisseaux et des prairies. De larges feuilles vertes, un peu duveteuses et des clochettes violettes, tendres, au moment de sa floraison. Elle est très efficace pour les inflammations, mais aussi pour arrêter les saignements. Tu vois de quoi je parle ?

Se redressant, Ama se tourna vers le vieil homme, un air faussement concentré sur ses traits. À vrai dire, elle voyait très bien de quelle plante il s'agissait et connaissait ses effets salutaires pour bien des maux, peut-être même certains inconnus de l'Esprit. Elle se garda bien de partager son savoir, et se cantonna à approuver.

— Il me semble que oui, laissa-t-elle tomber. Cette herbe devrait faire l'affaire. Le cataplasme est une bonne idée, mais on peut aussi la manger crue. Son effet sera plus rapide.

---

[19] Consoude (anciennement nommée oreille d'âne ou langue de vache, j'ai adapté au contexte, l'âne ayant sans doute été domestiqué en Égypte, plus tard [- 5000 avant notre ère]).

Surtout, songea-t-elle, la plante masquerait les symptômes de l'intoxication, sans pour autant les combattre.

Le vieux chaman lui adressa un large sourire édenté, empli de reconnaissance, qu'Ama lui rendit avec une conviction forcée avant de retourner à sa tâche.

— Oui, très bien, commenta à peine l'Observateur, mais il y a quelque chose de plus urgent que les maux du Maître et dont je veux t'entretenir.

Cette fois encore, Ama tendit toutes les fibres de son être vers la bouche de l'homme, impatiente de savoir de quoi il s'agissait, mais soulagée que l'on s'éloigne de son secret. Si l'on découvrait qu'elle était à l'origine de la dégradation de la santé du Maître, elle ne donnait pas cher de sa peau. Elle devait cependant attendre encore un peu, le laisser perdre en force, avant enfin, de porter le coup de grâce.

— Que peut-il y avoir de plus important ? questionna l'Esprit.

— Eh bien, les bergers sont inquiets. Plusieurs loups ont attaqué les troupeaux. On retrouve des bêtes massacrées, à moitié dévorées.

Le vieil homme fronça les sourcils.

— Il est dans la nature des loups de s'en prendre aux brebis, cela ne peut pas les étonner, tout de même.

— Non bien entendu, ce qui les surprend, c'est que les chiens ne réagissent pas. Ils semblent ne pas les voir ou alors, les laisser faire. Ils disent que leur flair est émoussé, qu'ils ne réagissent pas à leur approche. Est-ce possible ?

Une expression d'intense réflexion s'afficha sur les traits ridés du chaman, ce qui transforma ses tatouages faciaux en une forme étrange. De son côté, Ama retenait son souffle. Elle sentait confusément que cette nouvelle était une bonne nouvelle pour elle et ses compagnes, sans saisir vraiment en quoi des brebis mutilées pouvaient leur servir à quoi que ce soit.

Était-ce un signe de la Déesse ? Les faveurs dont semblaient jouir ces sédentaires paraissaient infinies. Leur vigueur, leur nombre, leur technique, supérieurs à ceux du clan d'Ama, démontraient pour elle des forces à l'œuvre dans la marche du monde, des forces qu'elle ne pouvait maîtriser. Se pouvait-il qu'ils soient en train de les perdre, enfin ? Leur Mère et leur Guerrier les avaient-ils abandonnés ou, tout comme Ama aimait à le croire, la Déesse lui envoyait-elle un signe puissant pour justifier ses actes ?

Elle ne pouvait s'empêcher de ressentir une inexplicable vague d'espérance devant le désarroi visible des deux hommes. Leur simple confusion la plongeait dans une joie sombre et obscure telle qu'elle n'en avait jamais ressenti.

— Tout est toujours possible, finit par lâcher le vieux chaman. Il faudrait que j'interroge les Ancêtres à ce sujet.

— Fais-le vite, alors, car si le Maître découvre que nous perdons des brebis aussi bêtement, je te parie que sa fureur sera grande.

— Je vais m'y atteler, et te donnerai la primeur de cet oracle, si tu le souhaites.

— Ce sera mieux oui. J'informerai le Maître au moment opportun, c'est-à-dire quand nous aurons tous deux au moins une solution à lui soumettre pour en finir avec ce problème.

Le vieil homme acquiesça, avant de se tourner vers la chamane.

— Je n'ai plus besoin de toi aujourd'hui, lui déclara-t-il. Retourne donc avec tes compagnes, elles doivent avoir besoin de toi pour tirer les semences.

Surprise, Ama se leva. Il était rare que le vieil homme la renvoie ainsi, mais peu importait. Elle avait la sensation d'avoir appris ce qu'il lui fallait. Saluant les deux hommes, elle quitta l'antre du chaman.

— À bientôt, Ama ! la salua l'Observateur d'un air aimable.

Alors qu'elle disparaissait, ce dernier se tourna vers l'Esprit.

— Visiblement, ce qu'elle administre au Maître est efficace, ricana-t-il.

— Ses connaissances sont impressionnantes, je dois bien l'avouer. Elle a tout de suite su ce qu'il fallait.

— Une aubaine pour nous, cette étrangère. Elle nous permettra de régler notre différend sans nous salir les mains. Les faveurs du Guerrier sont en train de se détourner du Maître... Profitons-en !

Le ciel se parait de la vive couleur rose des soirs de printemps, annonçant pour le lendemain une journée radieuse. L'ombre de la Grande-dent couronnait la plaine, visible même depuis les larges plages de sable doré que la mer léchait. Ama leva les yeux pour contempler le spectacle vivant que la nature lui offrait. Elle saisissait toujours dans ces moments-là à quel point son existence était insignifiante. À quel point la destinée des humains, leur combat et leurs luttes, importait peu à la Déesse. Présente bien avant eux, Elle demeurerait la maîtresse absolue de la terre bien après leur disparition. Raison de plus, estima-t-elle, pour se venger.

Elle pénétra dans la vaste habitation ovale, toujours surprise malgré elle par l'ingéniosité de ce peuple de colons. Quel dommage qu'ils tournent tous leurs efforts vers la possession et la destruction, tout de même.

Elle avisa Io, adossée au mur, qui caressait son ventre, son bol à moitié plein posé à côté d'elle, le regard dans le vague.

— Tu n'as pas faim ? lui demanda-t-elle.

— Non, répondit distraitement la jeune mère.

— C'est inhabituel dans ton état. Lorsque mon ventre s'arrondissait, je dévorais tout ce qui me passait sous la main, et Bec...

Une ombre passa sur son visage, elle ne poursuivit pas sa phrase. Après un silence, Io reprit :

— Lorsque tu étais enceinte ? Tu as un enfant ?

— Oui, s'entendit répondre Ama avec surprise. Une fille. Plus jeune que Nian, de plusieurs lunes.

La jeune femme retint les nombreuses questions qui lui brûlaient la langue, peu sûre du droit qu'elle avait de les poser.

— Je sais à quoi tu penses, poursuivit Ama d'un ton égal. J'espère que ma fille est en vie, mais... non, reprit-elle d'un ton plus ferme. Elle est en vie. Je le sens. Si elle était morte, je le saurais, au creux de mon ventre. Pourtant, je n'ai pas toujours été une très bonne mère.

— Je ne peux pas te croire, sourit Io. Tu prends tant soin des autres, même de moi, que je ne te vois pas ignorer ta propre enfant.

— Détrompe-toi pourtant. Quand je vois Yuna mettre tant de douceur à épauler Nian dans sa douleur, je vois ce que j'ai manqué avec Ala.

Le petit nom flotta entre les deux femmes et Io le garda, comme un cadeau précieux que venait de lui offrir la chamane.

— Je n'ai pas aimé ma grossesse, continua Ama. Je me sentais comme dépossédée de moi-même, tout entière occupée à fabriquer un être vivant, réduite à cela ou presque. Je n'en avais pas l'habitude, j'ai toujours été au cœur des activités de mon clan, auprès des autres, dans l'action. J'ai mis beaucoup de temps à me concevoir comme une mère, je pense même ne pas avoir tout à fait réussi. Lorsqu'elle est née, j'ai laissé ma propre mère et Bec s'occuper d'Ala. Je n'y parvenais pas, j'étais frustrée, mal à l'aise, je ne sais pas pourquoi. Je n'ai pas aimé mon enfant tout de suite, dès sa naissance, en comparaison de beaucoup de femmes. Enfin, selon ce que l'on m'avait enseigné. J'en ai conçu une profonde tristesse, de la frustration, mais aussi de la compréhension et de la compassion infinie pour celles qui embrassent ce statut nouveau, sans en avoir fait la demande. Comme toi.

À ces paroles douces, sans jugement, Ama sentit qu'Io se détendait un peu. Les muscles de ses épaules s'affaissèrent et elle lui saisit la main avec douceur.

— Ama, commença-t-elle, je dois te confier quelque chose. J'ai peur.

— Je sais, l'encouragea la chamane. C'est normal d'avoir peur.

— Pas seulement de l'accouchement. Avant ton arrivée, bien des lunes avant, j'avais une amie. Elle s'appelait Na.

La chamane nota le passé et la tristesse qui vibrait dans la voix de la jeune femme. Elle se tut, pour encourager les confidences de la jeune fille qu'elle pressentait difficiles.

— Elle aussi attendait un bébé. Un bébé du Maître. Il lui avait promis tant de choses... Des choses improbables, mais elle, elle y croyait. Lorsqu'elle a enfin compris que tout cela n'était que mensonges, elle s'est enfuie. C'est là que...

— Quelles promesses, Io ? Qu'est-il arrivé à Na ? Je t'écoute, libère-toi de ce poids.

— Le Maître lui a promis la liberté, souffla la jeune fille. La fin de sa vie de servitude, contre son enfant, contre nos bébés. Beaucoup ont accepté par le passé, sans rien dire, et sont aujourd'hui des épouses, pour les autres hommes du village. Au lieu de s'occuper de tous, elles se chargent de leur famille et vivent dans le confort. Na, elle, croyait tout ce que lui disait le Maître. Elle était sûre que ce serait différent, parce que c'était elle, qu'il l'aimait et ferait d'elle sa propre épouse ! Lorsqu'elle a tout découvert, elle était désespérée. Si attachée, déjà, à la vie qui poussait en elle, elle ne voulait pas l'abandonner. J'ai essayé de la dissuader, mais je n'ai pas pu la sauver... j'ai échoué, acheva-t-elle dans un long sanglot.

Horrifiée, Ama comprit que la pauvre jeune femme, abusée, mystifiée, avait trouvé une mort sans nul doute brutale et douloureuse.

— J'ai si peur de finir comme elle, continua Io, la voix étranglée par les sanglots. Si je m'enfuis, je mourrai. Et si je survis, alors... Je crois qu'il me sera insoutenable de voir cet enfant, si c'est un mâle, devenir l'un d'entre eux. Ignorer que celle qui lui a donné la vie est là, juste sous ses yeux, souffrant sans qu'il le sache. Si c'est une fille, c'est la condamner à subir les mêmes choses que moi, perpétuer encore et encore ce cycle immuable de malheur... c'est impossible, Ama ! Je me sens si seule, sans aucun appui... Je ne pourrai jamais le supporter ! Oh, Mère, aide-moi !

De lourdes larmes roulèrent sur ses joues creusées et elle abattit sa tête contre la large épaule de la chamane. Cette dernière l'entoura de ses bras, la berça comme elle le faisait lorsqu'Ala pleurait parfois, de dépit, de rage, d'un chagrin inexprimable et dévastateur comme en ressentent parfois les enfants. Elle regrettait tant de ne pas l'avoir plus assurée de son soutien, de ne pas lui avoir plus répété combien elle l'aimait. Elle reconnaissait s'être beaucoup reposée sur Bec dans sa relation avec sa propre fille. Le souvenir de son compagnon, une fois encore, éveilla la plaie vive de son cœur, et elle ressentit une tristesse insondable, mais aussi un élan curieux. Si elle parvenait à aider Io à se sortir de cette situation, si elle les sauvait, elle et son enfant, alors ce serait, en souvenir de Bec, le moyen de devenir pleinement mère. Elle tenait là une occasion de se racheter, même si la Déesse le lui offrait par un biais bien étrange. Les voies de cette vie prenaient parfois d'obscurs détours.

— Ne t'inquiète pas, Io. Si nous survivons à tout cela, je t'aiderai, je t'en fais la promesse, et mes promesses ne sont pas celles du Maître. Tu n'es plus seule, Io, moi vivante tu ne le seras plus jamais. Fais-moi confiance. Yuna, Nian et moi, nous te soutiendrons, nous resterons à tes côtés. Pleure, vas-y. Respire, tu es plus forte que tu ne le crois. N'en doute plus.

La pénombre de la longue habitation, à peine troublée par l'éclat des flammes du foyer, protégeait Ama. Assis sur sa couche, le Maître se reposait, et elle voyait avec un plaisir dissimulé les rides de douleur qui barraient son front. Avec force grimaces, il endurait cependant les effets du poison qu'elle lui administrait depuis presque une lune complète.

Son visage cireux, couvert d'une fine couche de sueur, semblait suspendu entre les fourrures et son torse dénudé. Elle plongea le morceau de peau retournée, souple et douce, dans l'infusion qu'elle avait préparée sur les instructions de l'Esprit : lavande, menthe fraîchement coupée et ce qu'il nommait « herbe-de-soleil ». Avec des gestes d'une grande douceur, elle baigna le front de l'homme, puis son cou et enfin, descendit sur sa poitrine, sans cesser de lui adresser un sourire fin. Qu'il l'interprète comme il le souhaitait, peu lui importait.

— Tu es la meilleure pour cela, murmura-t-il tout contre son oreille.

À son haleine sèche, elle devina la déshydratation, les aigreurs qui lui rongeaient le ventre, reconnut la fragrance particulière qui émanait de son être tout entier. L'odeur de la mort qui le dévorait. Ce n'était qu'une question de temps, elle viendrait bientôt à bout de cet homme féroce. L'âme emplie d'une joie obscure, elle attendait cette délivrance qu'elle accueillerait avec plaisir.

— Je fais seulement ce que je dois faire, lui répondit-elle d'un ton douceâtre.

Elle rejeta sa longue chevelure vers l'arrière, dégagea ses épaules pour lui exposer, avec ostentation, la courbe de sa nuque. Pour accentuer cette vision, elle se pencha à nouveau contre lui, presque à l'effleurer, pour que son parfum, léger mélange de sueur, de grand air et d'effluves herbacés, vienne caresser ses narines. Elle savait que cela le rendait fou de désir, le soubresaut de sa main, le rictus qui se dessinait sur ses lèvres malgré la souffrance. Pathétique.

— Et tu le feras, oh oui, tu le feras, et bien plus que ça !

Plus vif qu'un serpent, il l'attrapa par un bras et tira si fort que, par surprise, elle se retrouva collée contre son torse suant, nez à nez avec l'homme qui la dégoûtait au plus haut point. Il éclata d'un rire rauque, tandis que sa paume glissait le long des généreuses courbes de la chamane, explorait ses hanches, remontait à la naissance de ses seins. Elle réprima un haut-le-cœur, mais tint bon, un sourire factice plaqué sur ses lèvres. Dans sa tête, un orage grondait, qu'elle devait retenir de toutes ses forces.

— Tu as encore un si beau corps, si souple, malgré ton âge, une véritable femme, pas comme ces petites niaises. Je suis certain que tu peux encore enfanter.

Sidérée par ces propos ignobles, elle conserva le silence, et retint la bordée d'injures tout autant que l'envie de lui casser le nez avec son front, là, tout de suite. Ce serait la ruine de tous ses efforts, elle devait encore se montrer patiente, endurer.

— Je... je ne sais pas, Maître. Et puis, Io...

— Ne me parle pas de cette idiote ! ricana-t-il. C'est vrai qu'elle est tout juste bonne à procréer, comme la plupart de tes semblables. Toi, en revanche...

Il resserra sa prise sur son avant-bras et en comprima la chair jusqu'à y imprimer une marque écarlate.

— Toi, tu es si différente... si intelligente... si farouche. Je ne sais pas si tu parles aux Esprits comme ce vieillard inutile, pourtant je vois une flamme en toi.

D'un geste lent, il fourra son nez tout contre la peau palpitante de son cou, là où les veines couraient sous les muscles, en un réseau vital. Il huma ostensiblement son odeur, avant de la lécher avec avidité, juste sous son oreille droite. Ama ne put cette fois réprimer un frisson de dégoût, se força à demeurer immobile pour ne pas gâcher ses chances. Il devait y croire. La sentir soumise, docile. Aimable.

— Il ne faut pas trop vous fatiguer, l'enjoignit-elle, la voix tremblante. Ou les douleurs augmenteront...

Comme il ne cessait pas, elle enfonça sans prévenir son pouce juste en dessous de l'os saillant de sa clavicule, d'un geste sec. Le sang quitta le visage du maître qui recula sur ses fourrures.

— Foutue femelle ! grogna-t-il. Ça va pour cette fois, car j'aime qu'on me résiste. Ouvre bien grand tes oreilles à présent, ma pouliche. Je me sens de mieux en mieux. Dans trois jours, je viendrai te chercher et tu n'auras d'autre moyen que de te rendre. Je te ferai hurler, tu verras. Je te ferai plier à ma volonté, jusqu'à ce que tu n'aies plus aucune force. Tu seras mienne, comme je le prédis depuis le premier jour. Alors, tu remplaceras ce vieux hibou, et tu feras tout ce que je te dirai. Tout.

Les poils de ses bras hérissés, Ama le dévisagea comme s'il était fou à lier, avant que ses lèvres ne s'étirent en un sourire carnassier. Un air de défi sur ses traits, elle passa une langue gourmande sur ses lèvres roses, les yeux plantés dans ceux du Maître.

— Nous verrons bien... susurra-t-elle. En attendant, votre infusion ne va pas se servir toute seule !

D'un coup de reins puissant, elle se dégagea de son emprise et rejeta ses bras contre la couche. Il grimaça sous la douleur qui saisissait ses membres, alors qu'elle lui tendait d'autorité un récipient de terre cuite plein de liquide fumant. Il s'en saisit sans mot dire, et elle le contempla avec délectation boire jusqu'à la dernière goutte du poison.

Une seule chose lui restait à accomplir à présent. Un vol, certes, mais obligatoire. Elle devait s'emparer de la dague de l'Esprit. Satisfaite, elle se redressa et, tête haute, gagna la sortie de l'habitation.

Aucune lune n'était suspendue dans le ciel, aussi noir que le charbon avec lequel elle avait souligné ses scarifications. L'effet était saisissant : les spirales et points tracés à même sa peau semblaient onduler tels des serpents de cendre.

Dans le silence absolu sous le large manteau de la nuit, elle se glissa, à moitié nue, entre les maisons. Tous y dormaient à poings fermés, encouragés par les plantes somnifères dont elle avait agrémenté le gruau du jour. Quelques chiens nerveux la suivirent, humant la solitude du village alors qu'elle gagnait l'une des maisons vides. Le toit inachevé laissait encore entrevoir le ciel étoilé, qui lui rappela un autre soir où ses larmes s'étaient mêlées à celles d'Io et de Yuna.

Désormais, elle ne venait pas pour pleurer, mais pour triompher. Un maigre feu ne tarda pas à brûler au centre de l'habitation, et elle y jeta une poignée de plantes séchées avant de préparer son breuvage. Les volutes de fumée se développèrent, puis gagnèrent le plafond en cercles concentriques, sur lesquels elle focalisa sa vision et son esprit. Bien que le lieu soit impersonnel, sans aucune signification à ses yeux, et qu'elle regrette sa grotte, remplie de symboles, connectée au ventre de la Déesse, elle savait qu'elle devait accomplir son rituel. Pour se donner de l'assurance et, surtout, la force d'achever enfin ce cycle.

Assise en tailleur, les bras levés vers la voûte céleste, elle entama sa psalmodie dont les accents gutturaux s'élevèrent dans les ténèbres épaisses. Après avoir absorbé sa boisson, elle ferma les yeux sur le monde sensible pour basculer, une dernière fois, dans celui des Esprits.

Lignes, courbes, spirales se succédèrent sur la toile de fond noire de son champ de vision restreint avant, enfin, de s'ouvrir en grand sur le paysage formidable de la plaine alluviale qu'elle connaissait si bien. Elle le contemplait désormais à travers ses yeux de rapace. Elle s'envola, planant au-dessus des cahots de roches ocre qui émaillaient les prairies, les courbes enchanteresses de la Grande-rivière, pour parvenir au village. Ce dernier était en flammes. Tout brûlait sous ses yeux, renvoyé au néant par la force de l'incendie. Les escarbilles des toits de chaume dorés voletaient dans le vent du printemps, le feu purifiait enfin la terre meurtrie et souillée. Les bêtes de somme et les troupeaux s'égaillaient sous l'effet de la panique, les hurlements des villageois retentissaient à ses oreilles comme la plus douce des mélodies, sortie de la flûte de la Déesse elle-même.

Son regard aiguisé accrocha soudain l'éclat du regard de silex de l'Observateur. À l'inverse des autres, qui se débattaient en tous sens, l'homme souriait, comme s'il était satisfait, lui aussi, de cette catastrophe. Ses lèvres remuaient, mais elle ne saisissait pas les mots qui en sortaient. Elle n'en avait pas besoin. Les mains de l'Observateur s'élevèrent vers elle, leurs paumes immaculées vers le ciel, alors qu'à ses pieds, des rigoles de sang noir sinuaient sur la terre crue. Elle comprit.

Une pointe de déception serra son cœur, qui disparut bien vite. Si ce peuple exécrable lui avait bien appris quelque chose, c'était qu'il était parfois bénéfique de se servir des ambitions des autres. Surtout de celles des hommes.

Au milieu de ce chaos qui transformait petit à petit le village en ruines fumantes, une lueur attira l'attention de son regard de faucon. Une lueur fragile, tremblante... Source de vie, de couleur et de joie, une graine nouvelle renaissait sur les cendres de l'Ancien Monde déchu et mutilé.

Elle sentit qu'elle revenait dans son propre corps, là, dans cette cabane dénudée et solitaire. Les majestueuses ailes mordorées du rapace se déplièrent devant elle comme un voile entre les mondes connus et inconnus, avant d'obstruer sa vue pour de bon.

Sa tête retomba contre sa poitrine, lourde. Un mal de tête lancinant rampait sous ses tempes, tandis que de longs frissons parcouraient tout son corps. Elle aperçut alors ses poings crispés sur le sol, des poignées de terre sèche emprisonnées entre ses doigts. Elle les laissa s'échapper, couler, comme les vestiges de la transe qui se répandait hors d'elle... Le visage sillonné de larmes qu'elle ne se souvenait pas d'avoir versées, elle tourna les yeux vers la vaste nébulosité au-dessus de sa tête, immuable et glacée dans sa course universelle.

Elle remercia la Déesse, car bientôt, le sang rougirait la terre de ce village et elle s'en réjouissait.

Chapitre 17 – Ama et Io

— Cela ne peut plus durer, l'Esprit !

L'Observateur, les mains sur les hanches, se tenait devant le vieux chaman, le front plissé par la colère. Toujours dans son coin, Ama se contentait de les observer tout en dissimulant sa présence dans les ombres. La conversation s'envenimait entre les deux hommes, qui avaient tout l'air d'ignorer sa présence, ce qui lui convenait parfaitement.

— Je n'y suis pour rien si nos bergers sont des incapables, tout de même ! renchérit le vieillard, décidé à ne pas se laisser accabler. Les Ancêtres sont muets. C'est peut-être normal après tout. L'Archer n'a qu'à traquer ces loups sournois et les abattre.

— Tu sais comme moi ce que signifie faire appel à l'Archer : tout expliquer au Maître, avant de lui exposer les raisons de notre inaction !

— Je ne suis responsable ni des brebis ni de la chasse. Débrouillez-vous.

— Attention, vieil homme, grinça l'Observateur. Ne crois pas que tu parviendras à éviter la fureur du Maître de la sorte ! J'ai le dos large et je veux bien t'aider, mais n'essaie pas de me trahir.

— Qui parle de trahison, ici ? Cette question ne me concerne pas, les Ancêtres eux-mêmes ont prouvé leur désintérêt. Ces basses considérations sur le bétail ne les tourmentent pas. Il s'agit de questions d'hommes, pas d'Esprit.

— Justement ! Il se murmure de plus en plus chez les nôtres que ces loups ne sont pas ordinaires ! Que leur soif de sang frais n'est pas naturelle... En plein hiver, passe encore, mais s'attaquer aux troupeaux à la belle saison, alors que le gibier abonde, c'est tout de même bizarre, non ?

Le chaman croisa ses bras décharnés devant lui, signe qu'il mettait un terme à cette conversation. Rempli d'une colère fumante, l'Observateur lui jeta, l'air mauvais :

— Le Maître a peut-être raison, l'Esprit. Tu as fait ton temps. Il affirme que tu as perdu la faveur des Ancêtres, tu devrais laisser ta place. Ils préféreront sans doute parler à une personne plus jeune, moins bornée et plus conciliante... N'est-ce pas, Ama ? interrogea-t-il avec un sourire vicieux.

L'étrangère demeura impassible et ne releva pas même la tête, toujours absorbée par les plantes.

— Sors d'ici, cracha l'Esprit.

L'Observateur haussa les épaules et disparut par l'embrasure de la porte. D'un air las, l'Esprit passa une main sur son visage fatigué.

— Veux-tu que je te laisse seul ? l'interrogea la femme qui se matérialisa soudain à ses côtés.

Les yeux du vieillard glissèrent sur elle comme s'il la voyait pour la première fois.

— Prépare-moi donc une infusion, lui demanda-t-il d'une voix éteinte. J'ai grand besoin de me calmer et de boire quelque chose de chaud.

Ama acquiesça et se mit à l'œuvre sans un mot. Un ronflement sonore ne tarda pas à s'élever dans le silence. Satisfaite, la chamane se leva. Elle jeta un œil sur l'espace circulaire de l'habitation, à la recherche de ce qu'elle convoitait depuis des jours et des jours. Lorsqu'elle mit la main dessus, elle disparut à son tour.

Alors qu'elle songeait à gagner la Longue-maison de ses compagnes, une ombre se projeta devant elle et lui barra la route. L'ombre d'un meurtrier qu'elle reconnaissait entre toutes.

— Cette fois, grinça l'Archer, une expression vicieuse en travers du visage, tu vas venir avec moi chez le Maître et sans protester. Tu seras une bonne fille, il me l'a assuré. Sinon...

D'un geste vif, il lui désigna la lourde hache de silex qui pendait à sa ceinture de cuir qui révéla son éclat sous la lumière crue du soleil. Ama dévisagea l'homme avec dans son regard toute la haine qu'elle pouvait éprouver. Quelle créature abominable il faisait. Son expression dure, sa bouche pincée, les traits de cendres sur ses joues. La sueur auréolait sa tunique de peau, en cette première journée chaude. Elle se sentit incapable de regarder ses mains odieuses, celles qui avaient tué Bec, et se contenta de le maudire de toute son âme.

— Bien sûr, minauda-t-elle. Je te suis. J'ai d'ailleurs son remède ici, dit-elle en exhibant sous son nez un petit sachet en fibre tressé.

Pour l'assurer de sa coopération, elle rejeta ses longs cheveux en arrière, ce qui fit résonner, pour elle comme pour le ciel, les breloques qui y étaient entremêlées. Ce son la réconfortait toujours. Sûre de son pouvoir, de sa puissance, elle lui emboîta le pas en direction de la demeure du Maître.

Dans l'alcôve, fourrures rejetées en travers de ses jambes nues, l'homme l'attendait. Sa respiration saccadée attestait toujours de la souffrance qui le rongeait. Ama devait reconnaître qu'il la surprenait, alors qu'il endurait sans broncher les effets du poison. Sa force s'étalait devant elle, elle ne pouvait le nier. Elle comprenait au fond ce qui l'avait mené à la tête de cette communauté. Cette évidente virilité, qui l'amenait à tout maîtriser, poser son joug sur la moindre vie, avait sans doute impressionné les siens. Ils avaient remis, sans se poser de questions, leur existence entre ses mains. Même si cela lui paraissait inconcevable, elle commençait à saisir les particularités qui sous-tendaient cette nouvelle société. Ce qu'elle en entrevoyait ne l'enthousiasmait pas.

— Enfin, grinça-t-il entre ses dents, tu es là. Et tu vas m'appartenir.

— Tu m'as appelée, et je suis venue, déclara Ama sur un ton plus solennel qu'elle ne l'aurait voulu.

Pour elle, ce moment revêtait une importance aussi capitale qu'un rituel, une cérémonie, une inhumation. Elle éprouvait une tension aiguë dans tout son être, et son esprit lui-même n'était accaparé que par son seul objectif, sa vengeance, à portée de sa main.

— Avant, susurra-t-elle, les yeux baissés, en une attitude qu'elle voulait docile, il vous faut prendre votre infusion. Vous serez plus... en forme juste après.

Elle appuya sur les derniers mots et, sans qu'il ait à lever la main, elle dénuda sa poitrine, délaçant le devant de sa tunique pour dévoiler la naissance de ses seins épanouis. Les dessins envoûtants sur ses épaules apparurent alors comme un ornement mystérieux.

Il la scruta avec intensité pendant qu'elle préparait la boisson, comme happé par les spirales et les points que les flammes fragiles des lampes éclairaient sur sa peau luisante.

— Je n'ai jamais connu de femme chamane. Je me demande si ce sera différent.

Alors qu'elle lui tendait le récipient plein de liquide, elle lui adressa un sourire énigmatique.

— Oh oui, assura-t-elle, ses yeux verts accrochés à son regard noir. Tu ne pourras faire aucune comparaison avec les autres femmes, je peux te le garantir.

Elle s'approcha, ondulante, jusqu'à se plaquer contre le torse humide de fièvre du Maître. Elle observa sa pomme d'Adam monter et descendre le long de la peau fine de son cou, signe qu'il déglutissait avec peine. Suspendue à ses lèvres, elle le vit avaler jusqu'à la dernière goutte du breuvage funeste qu'elle lui préparait depuis des lunes. Ravie, elle passa ses jambes par-dessus les siennes, pour se retrouver à califourchon sur lui. Le membre de l'homme se durcit, il la saisit par les hanches pour se coller encore plus à son corps sinueux, et Ama plongea les mains dans les pans de sa tunique. Elle se pencha vers le cou du Maître, mordilla habilement la chair sensible sous son oreille jusqu'à ce qu'elle entende enfin le premier râle sortir de sa bouche. Alors, une de ses mains quitta le corps du Maître, avec une lenteur calculée. Elle resserra les doigts sur le manche d'os de la dague de pierre verte qu'elle avait subtilisée à l'Esprit.

— C'est curieux, lança Yuna à Io. Tu ne sens pas comme une odeur de brûlé ?

La jeune femme se redressa en se tenant les reins, et délaissa un instant la molette qu'elle activait sur la meule depuis de longues minutes. Elle huma l'air, tourna la tête vers le levant, où se trouvait la bergerie. Un vent salé s'était levé et avec lui, une humidité lourde, qui poissait l'atmosphère chaude de cette première journée d'été. Le bruissement des insectes bourdonnait à ses oreilles et elle les chassa d'un revers de main, essuyant au passage la sueur qui coulait sur son front.

— Je crois que tu as raison, finit-elle par dire. C'est peut-être le vent qui la charrie depuis le plateau. Un feu de broussailles ?

Yuna fronça les sourcils et, soudain, tendit un doigt vers les toits de pailles.

— Non... le vent vient de la mer. Là ! cria-t-elle. Vois !

Io suivit le geste de sa compagne, mais elle remarqua avant qu'une épaisse fumée noire s'élevait de la bergerie ainsi que d'une autre habitation, un peu plus loin.

— Mais... Il y a le feu ! Au feu !

Le cri de la vieille femme résonna dans tout le village en même temps qu'une pluie de brandons brûlants s'abattait sur les habitations. Les Longues-maisons à proximité s'embrasèrent sous l'ardeur de la brise et la peur commença à ronger Io. Elle se releva avec difficulté, le poids du bébé la tirait en avant désormais, pour rejoindre Yuna.

— Que se passe-t-il ? lui demanda-t-elle, affolée.

— Je ne sais pas, mais... je me demande si nous ne tenons pas là notre chance.

— Notre chance de quoi ?

— De fuir cet endroit, déclara-t-elle avec fermeté. Viens, trouvons Nian d'abord, elle est allée à la maison des grains, ensuite, nous irons chercher Ama. Elle saura quoi faire.

Autour d'elles, les flammes dévoraient désormais plusieurs habitations, depuis le toit jusqu'aux murs de torchis. Les visages effrayés des femmes et des enfants s'animaient de lueurs rougeâtres, comme s'ils se peignaient d'ocre, rappelant celui dont on couvrait les morts. Plus loin, des hommes s'affairaient à l'aide de gros récipients d'eau de pluie pour éteindre les flammes, tandis que les bergers sortaient les bêtes terrorisées une à une de la bergerie incandescente.

Abasourdie, la jeune fille allait se précipiter pour les aider. Soudain, plusieurs d'entre eux tombèrent au sol, foudroyés par une salve de projectiles dont elle ne percevait pas l'origine. Terrorisée, elle se figea devant l'un des corps qui se tordait de douleur, une sagaie enfoncée dans le ventre. Un sang noirâtre s'écoula de la blessure, vite absorbé par la terre battue de l'esplanade.

Avec force, Yuna saisit la main d'Io, et l'entraîna à sa suite, lorsque Celle-qui-commande se dressa devant elles.

— Où croyez-vous aller comme cela ? hurla-t-elle. Reprenez votre place, le grain ne va pas se moudre tout seul !

— Le village entier est en train de brûler, il faut sauver nos vies !

— Quand bien même, on n'abandonne pas son travail ! Allez ! Rasseyez-vous ! Vous savez ce qui vous attend si vous désobéissez...

Menaçante, elle leva vers Yuna le plat de la main comme pour la frapper mais, déterminée, la vieille femme lui cracha au visage. Stupéfaite, Celle-qui-commande jeta un regard glacial à l'étrangère, avant d'entrer dans une rage folle et de se jeter sur elle. Io hurla lorsqu'un bruit sec déchira l'air devant elle. Celle-qui-commande s'interrompit, porta une main à son cou, d'où pendait la hampe d'une fine sagaie. Le sang s'écoula de sa gorge, traversée de part en part, et elle s'effondra dans un gargouillis inintelligible pour ne plus jamais se relever. Io plaqua ses mains sur sa bouche pour retenir un hurlement, mais Yuna l'attrapa par le bras et la tira à sa suite.

— Viens ! C'est notre chance je te dis ! La Déesse a répondu à mes demandes !

La jeune femme se laissa entraîner vers la Longue-maison qui abritait les énormes vases de céramique contenant les réserves de céréales du village. Elles retrouvèrent rapidement Nian, qui sortait en trombe de l'habitation.

— Vite, ma fille, viens ! lui lança-t-elle. Celle-qui-commande est morte, le village est la proie d'une attaque, c'est certain. Le moment est venu de prendre nos jambes à notre cou !

— Et Ama ? articula sa fille. On ne peut pas la laisser ici.

— Bien sûr que non, mais la priorité, c'est de mettre Io en sûreté. Elle ne peut pas nous suivre, nous chercherons Ama dès que nous l'aurons mise à l'abri.

— Où cela ? interrogea la jeune mère, déjà à bout de souffle. Je ne me crois pas capable de marcher trop longtemps.

— Vers Grande-rivière. Ce sera le plus sûr, si les flammes gagnent tout le village nous y serons en sécurité. Allons !

— Mais... et les sagaies ? protesta Io. Nous risquons de nous faire tuer !

— J'ai mon idée sur le sujet... répondit la vieille femme. L'empenne... la forme de l'épieu... Je crois que la sagaie qui a abattu Celle-qui-commande provient de mon clan. Dépêchons, prévenons Ama et quittons cet endroit.

Convaincue par les paroles de Yuna et déterminée à sauver sa vie et celle de son enfant, Io suivit les deux femmes qui sinuaient entre les corps et les brandons qui pleuvaient.

Les flammes paraissaient tomber du ciel alors que le chaos régnait à présent dans tout le village. Elles se frayèrent un passage au milieu des vociférations et des hommes qui empoignaient leurs armes, et coururent jusqu'à la large porte de bois qui fermait la palissade.

Elles s'y précipitèrent, lorsqu'une flèche, tirée derrière elle, atterrit devant leurs pieds. Yuna pesta de dépit tandis qu'elle découvrait l'Archer qui les rejoignait à grandes enjambées pour les empêcher de sortir. Arc à la main, l'homme longiligne affichait une expression effrayante, une colère ardente accentuée par le sourire vicieux qui étirait ses lèvres.

— Alors ? On cherche à s'enfuir ? Ce n'est pas une bonne idée, mes petites, pas une bonne idée du tout... Votre petite compagne, là, avec son ventre renflé, ne vous a pas expliqué ce qui arrive à celles qui nous quittent ? Surtout si elles portent l'enfant du Maître !

Comme si on l'avait frappée, Io recula, les larmes aux yeux. Les souvenirs du corps martyrisé de Na, son enfant encore dans son ventre, l'assaillirent. Elle gémit.

— Laisse-nous passer ! hurla Yuna, hors d'elle. Ne vois-tu pas que nous allons tous mourir si nous ne sortons pas d'ici ?

— Comme tu t'en doutes, cela n'a aucune importance pour moi. Ce qui compte, c'est de préserver l'ordre des choses. Vous, vous resterez là, incendie ou pas. Tant que je serai debout, aucune d'entre vous ne sortira de ce village vivante.

Posant son arc à terre, il tira de sa ceinture de cuir la large hache en silex qui y pendait, pour la brandir devant les trois femmes qui reculèrent. Acculées entre les maisons incendiées et l'homme qui les menaçaient, Io n'entrevoyait aucune échappatoire. Elle allait finir comme Na, comme cela devait être depuis le début. Depuis que sa vie avait commencé, elle avait toujours dû subir le joug de ces hommes, leurs désirs imposés comme leur mépris. Sa vie allait donc s'achever ici, dernier acte d'un cycle immuable, toujours renouvelé, que personne n'avait jamais réussi à briser. Elle ferma les paupières, les larmes mêlées de cendres ruisselèrent sur ses joues, et elle attendit le coup de hache qui la délivrerait enfin.

Rien ne vint. Elle rouvrit les yeux, pour contempler la face déformée de l'Archer en une grimace de douleur et de surprise. Il se tint l'abdomen, avant de basculer à genoux, un éclat écarlate jaillissant de ses lèvres. Derrière lui, une ombre se dessina dans la rumeur vrombissante des incendies qui faisaient rage. Une femme, jeune, élancée. Le visage couvert de boue, les épaules lourdement dissimulées sous des fourrures grises, l'air farouche, elle leur souriait. Dans sa main droite, une longue lame de silex brillait, poissée du sang de l'Archer. Elle s'accroupit pour mieux la lui planter derechef dans le dos. Avec une joie visible, elle tourna l'arme effilée dans la chair de l'homme sans qu'il puisse esquisser un geste de défense.

— Souviens-toi de Bec, lui murmura-t-elle. Souviens-toi de nous.

Elle se redressa et, sans attendre, Yuna et Nian se précipitèrent vers elle.

— Ala ! cria Nian. Ala, c'est bien toi ! La Déesse soit remerciée !

— Ce sont bien les nôtres, alors ? demanda Yuna, surexcitée. Ce sont bien nos clans qui attaquent ?

La jeune fille les embrassa avant de confirmer d'un signe de tête.

— Ma mère n'est pas avec vous ? demanda-t-elle sans reprendre son souffle.

— Tu sais alors ? la questionna Yuna. Vous préparez cela depuis longtemps, n'est-ce pas ? Peu importe, tu nous expliqueras le moment venu. Ama est dans la demeure de leur chef, celui qu'ils appellent le Maître. Elle est peut-être sortie. Nous mettions cette jeune femme à l'abri avant de retourner la chercher.

— Le temps presse, la coupa la jeune fille. Ils ne vont pas tarder à réagir. Je suis venue vous chercher, pendant que les autres continuent à détourner l'attention. Nous ne pouvons nous permettre de perdre du temps, je suis désolée. Nous nous reposerons plus tard. Tu vas devoir nous suivre.

Ces dernières paroles s'adressaient à Io qui, devant l'air déterminé, sûre d'elle, de la fille d'Ama, sentit un regain de force. Elle en profita pour la détailler lorsque cela la frappa. Dans ses yeux, elle reconnut la même lueur indomptée que dans ceux de sa mère, malgré leur couleur différente. Elle ne pouvait abandonner Ama à un sort funeste. Elle essuya son visage d'un revers de manche.

— Ça ira, je peux encore courir. C'est par là, lui indiqua-t-elle.

Elles allaient s'élancer vers la Longue-maison, mais un mouvement de Yuna les retint.

— Nian ! appela la vieille femme. Nian, viens ! Nous ne devons pas perdre de temps !

Immobile devant l'Archer qui se débattait à même le sol pour se redresser, sa fille n'avait pas esquissé le moindre geste. Lentement, elle s'approcha, prit son élan et administra à l'homme à terre un formidable coup de pied dans les côtes. Le son des os se brisant, accompagné d'un hurlement bestial échappé de la gorge du chasseur résonna à ses oreilles. Elle recommença. Encore. Encore. Comme il avait poignardé sa propre enfant à plusieurs reprises.

Le visage rouge, en sueur, les sourcils froncés en une expression d'extrême concentration, elle continua à le battre, jusqu'à ce qu'il roule sur le dos, le visage sanguinolent tourné vers le ciel. Alors, elle frappa une dernière fois son entre-jambes. Dans un sursaut, la tête de l'Archer rebondit vers l'arrière, et un rictus dévoila ses dents tachées de sang, avant qu'il ne rende son dernier souffle. L'air radieux, Nian lui cracha dessus, puis rejoignit ses compagnes à petites foulées pour se diriger vers la demeure du Maître.

— SALE FOUTUE ÉTRANGÈRE ! hurla le Maître en roulant sur le côté de sa couche pour éviter le second coup.

D'un solide mouvement de hanche, il la désarçonna et Ama tomba sur le côté. Enragée, elle se redressa, la dague de pierre verte brandie au-dessus de sa tête. Elle ne l'avait pas blessé à mort, il allait falloir se battre. Tant pis. Elle se redressa, le haut de son corps dénudé, et se jeta sur l'homme qui tentait de se relever. Affaibli par le poison, il rampait sur le sol couvert de fourrures éparpillées, des râles de douleur s'échappaient de sa poitrine et il se tenait les côtes, là où la lame d'Ama s'était enfoncée. Elle profita de sa faiblesse pour frapper à nouveau, mais par réflexe, l'homme évita de justesse l'attaque, qui effleura juste son épaule. La pierre aiguisée taillada la peau et le sang gicla.

— Tiens-toi donc tranquille, vociféra-t-elle. Ton heure est venue, tu vas rejoindre tes ancêtres !

— De ta main, jamais ! s'écria l'homme.

Devant une Ama médusée, il donna un coup de reins puissant et se jeta sur elle. Ils chutèrent à nouveau dans le marasme des peaux et des vêtements. Une lutte à mort s'était engagée et elle le savait. Méchamment, il lui asséna un coup de front en plein visage. Le choc coupa la respiration de la chamane. L'os de son nez émit un craquement lugubre lorsqu'il en céda sous l'impact, en même temps qu'un flot de liquide rougeâtre jaillissait de ses narines. La douleur étoila sa vision un instant et elle perdit tout repère. L'homme en profita pour lui arracher la lame des mains, avant de lui asséner un violent coup de dague à l'estomac. Elle hurla et se saisit du poignet du Maître pour le tordre. Puisant dans le réservoir inextinguible de sa colère, les yeux voilés de rouge, elle appuya jusqu'à ce que l'articulation cède. Le Maître aboya un gémissement rauque et lâcha l'arme. Ama en profita pour se retourner afin de tenter de s'extraire de son emprise. Toujours vif malgré ses nombreuses blessures, il s'assit sur son dos, avant de glisser son avant-bras sous son cou et d'y peser de toutes les forces qui lui restaient. Un râle inintelligible s'échappa de la gorge comprimée de la chamane alors qu'il tentait de l'étrangler. Elle se débattit, cherchant dans ses dernières ressources. Son regard se brouilla et, devant elle, la pièce devint floue, les murs de torchis tournèrent tandis qu'une horrible odeur de brûlé se répandait dans l'habitation. Elle perçut à peine les hurlements des épouses et des enfants du Maître qui se précipitaient vers l'extérieur, la peur chevillait à leur corps à un point tel qu'ils les abandonnèrent. Alors qu'elle allait sombrer dans l'inconscience, le visage de Bec surgit dans les méandres de ses pensées. Elle ne pouvait pas abandonner, pas maintenant, pas si proche de son but. Lui succédèrent dans un enchaînement flou, les silhouettes de ses sœurs bien-aimées.

Ala.

Yuna. Nian.

Io.

Le visage de la jeune fille prenait si naturellement place parmi les siennes à présent. Même étrangère à son peuple, elle comprit qu'elle était l'une des leurs. Elle psalmodia les noms de ses amies, de ses sœurs de sang et de cœur, comme une incantation a la grande Déesse. Dans un sursaut, elle s'arc-bouta. Sans crier gare, elle releva la tête d'un coup, heurtant à son tour avec l'arrière de son crâne la joue droite du Maître. L'os zygomatique céda sous le choc, pulvérisé. Un hématome violacé s'épanouit sur le visage de l'homme qui relâcha sa prise. La respiration sifflante, Ama se reprit. Elle devait en finir, et vite. La fumée s'épaississait et elle comprit que la maison brûlait, sans savoir d'où cela pouvait provenir. Elle s'en fichait, après tout. Si tout devait finir en cendres comme dans sa vision et l'engloutir avec le Maître, alors qu'il en soit ainsi. Elle avisa un récipient de terre cuite, l'un de ces vases qui contenait elle ne savait trop quoi, décoré de fines lignes géométriques comme ce peuple aimait tant en tracer. Elle s'en saisit et, sans réfléchir, l'abattit sur la tête du Maître.

Assommé, il retomba au sol. La chamane s'assit, haletante, la gorge endolorie. Elle toussa et cracha, avant de tenter de se relever. Alors qu'elle y parvenait, une douleur indicible se répandit dans le bas de son dos, et elle s'écroula, les jambes paralysées. L'homme rampa jusqu'à elle, la dague serrée entre ses doigts rougis. Elle le fixa, une haine mortelle plantée au fond de ses yeux comme le germe d'une discorde qui ne prendrait jamais fin. L'autre, à moitié mort, laissa glisser la lame de ses mains. Dans un ultime sursaut, avant que sa vision ne s'éteigne pour de bon, Ama referma la paume sur le pommeau d'ivoire. D'un geste sec, elle planta l'arme droit dans l'œil du Maître. Le globe oculaire éclata, un liquide grumeleux se répandit sur les joues de l'homme. Terrassé par la douleur, il bascula en arrière.

Ama hurla. Un mugissement sauvage, venu des profondeurs insoupçonnées de son être, un cri de victoire, mais aussi de défaite. Il s'acheva en un long sanglot qui secoua son corps meurtri, et elle ferma les yeux.

— Bec... murmura-t-elle. Oh, Bec... J'espère que tu m'as attendue à la lisière des deux mondes.

À la frontière de sa raison brisée, un souffle balaya son front souillé de sang et de cendres, telle une brise fraîche. Une main aimante se posa sur son bras. Par-delà ses paupières closes, elle distinguait confusément une agitation autour d'elle. Elle les rouvrit avec difficulté, pour contempler, sans y croire, le visage de sa fille. L'écran de la boue séchée n'entamait pas l'éclat de ses yeux. Des yeux noisette, aussi doux que ceux des biches sauvages, ourlés de délicats cils bruns. Les yeux de son amour.

— Ala... articula-t-elle avec peine. Est-ce toi ? Comment...

— Mère ! sanglota la jeune fille. Mère ! Nous sommes venues te chercher. Yuna et Nian sont avec moi et...

Elle s'interrompit et lança un coup d'œil à la jeune mère qui pleurait elle aussi, comme pour lui demander son prénom.

— Io, répondit-elle avec douceur.

— Io, sourit Ama. Tu n'as plus rien à craindre, Io. Le Maître... est mort.

— Je sais, lui assura-t-elle en saisissant sa main déjà froide. Merci... merci...

Elle ne put en dire plus, les mots s'étranglèrent dans sa gorge.

— Allons, Mère, lève-toi, l'encouragea Ala. Le feu dévore cet endroit, il faut partir.

Ama ne bougea pas, le bas de son corps mort, le sang perdu, qui s'écoulait de ses blessures, l'empêchait d'esquisser le moindre geste.

— Je ne vais pas venir avec vous, annonça-t-elle doucement. Je vais... rejoindre ton père.

— Non, protesta Ala, NON ! Mère, il faut résister, il faut tenir !

La peau d'Ama avait la pâleur des galets de la Grande-rivière, ses doigts glacés, crispés sur la paume d'Ala, perdaient de leur force à chaque instant. Le sang perdu ne se reconstituait pas, songea la jeune fille, elle le lui avait si souvent répété.

— C'est trop tard, ma fille. Mais cela n'a pas d'importance, j'ai déjà lutté, accompli le destin que la Déesse m'a confié. Va, accomplis le tien. Sauve Yuna, sauve Nian. Sauve Io. Elles font partie de ton clan, à présent.

Ala se pencha avec une infinie tendresse sur le front de sa mère, impuissante à la sauver de ce destin amer, pour lui murmurer ses derniers mots.

— Mère ! Oh, Déesse, ce n'est pas possible. Je t'aime, Maman...

Elle redressa la tête, les larmes ruisselaient sur son visage juvénile maculé de boue. Les yeux d'Ama venaient de se clore à jamais.

— Nous devons y aller, l'enjoignit Yuna. Sinon, nous allons brûler et Ama se sera sacrifiée pour rien.

Alors qu'Ala se relevait avec effort, Io se jeta contre elle et la serra tout contre sa poitrine. Les deux jeunes femmes, unies dans une même tristesse, se blottirent l'une contre l'autre en une brève étreinte, étrangères au désordre environnant. Puis, leurs doigts entrelacés, elles coururent toutes ensemble vers la sortie. Vers la liberté.

— Te voilà, lança l'Esprit à l'Observateur qui venait vers lui.

L'homme le salua avant de s'installer près de lui sans mot dire. Ils contemplèrent un instant le désordre qui régnait encore dans le village. Les habitants s'évertuaient à sauver ce qui pouvait l'être. En une longue chaîne humaine, formée depuis la Grande-rivière, ils puisaient de l'eau dans de lourds récipients pour éteindre les braises dans les ruines encore fumantes. Les femmes et les enfants protégeaient le bétail qu'ils parquaient ensuite derrière des clayettes de bois.

— La bergerie est sauvée, commença l'Observateur. Seul le toit a brûlé et toutes les bêtes en ont réchappé. Heureusement, il ne restait que les gestantes, les autres sont à la pâture.

— Les silos à grain aussi, c'est l'essentiel, renchérit l'Esprit. Nous ne perdons finalement que trois habitations, dont celle du Maître.

— Ce n'est pas grave, c'était la plus petite. Avec celles qui sont presque achevées, nous aurons tôt fait de reconstituer le village presque entier. Ce n'est pas une grosse perte. Celle du Maître non plus, d'ailleurs.

Un sourire satisfait se peignit sur les traits de l'homme et le vieux chaman se frotta les mains.

— Ce fut long, bien qu'assez simple, tout de même, acheva-t-il. Il m'a suffi de jouer l'idiot face à cette grande femme. Elle ne s'est doutée de rien, malgré sa finesse. Plus d'une fois, j'ai cru que ma comédie serait percée à jour, elle était si obsédée par sa vengeance qu'elle en était aveugle.

— Elle a même dû croire que c'était la volonté de sa Déesse ! s'esclaffa l'Observateur. Comment a-t-elle pu imaginer que tu étais incapable de reconnaître l'odeur de l'herbe-aux-chèvres [20] et de l'herbe-main ? [21]

— Tout comme je ne laisse jamais mes dagues sacrificielles en évidence dans ma maison. Enfin, soupira-t-il, sa force tout comme sa naïveté nous auront bien servis. Ne la blâmons pas trop.

— Bien sûr. Grâce à son sacrifice, nous allons pouvoir repartir sur des bases saines, nouvelles.

— C'était plus que nécessaire, même si je dois t'avouer que ce déferlement de violence m'a tout de même affecté.

— Une violence non contrôlée et trop abrupte n'est pas acceptable, c'est vrai, admit l'Observateur. Le Maître semblait l'avoir oublié. Toutefois, utilisée à bon escient, elle s'avère un outil puissant pour faire évoluer les choses de façon radicale. Toi comme moi, nous savons que le Maître n'aurait jamais lâché le pouvoir. Toi encore plus, d'ailleurs...

L'Esprit demeura silencieux, conscient de sa responsabilité. Le poids de la culpabilité pèserait quelque temps sur ses épaules, il le savait, avant de s'envoler tout à fait. Car ainsi était la volonté du Guerrier.

— Je l'aurais bien conservée comme apprentie tout de même... c'est dommage.

— C'est ainsi. Et puis, ne te lamente pas trop, cela va ouvrir une nouvelle ère pour le village. Une ère de prospérité et de développement. J'ai de nombreuses idées qui fourmillent en moi et ne demandent qu'à quitter ma tête pour se matérialiser dans le monde.

— Fini l'Observateur, alors ? railla l'Esprit.

L'autre lui rendit son sourire franc et tous deux reportèrent leur attention sur les ruines des Longues-maisons dont les braises rougeoyantes se dispersaient dans le vent.

---

[20] Valériane.
[21] Digitale.

ÉPILOGUE

La longue plaine déroulait son ruban vert et ocre sous le regard brun d'Io. Depuis le promontoire rocheux, elle voyait se dessiner la ligne bleue de la mer sous une brume chaude, dans le lointain. Le formidable point de vue lui permettait d'embrasser tout le paysage et de remarquer, à la périphérie de sa vision, une lourde fumée qui s'élevait non loin des bords de la Grande-rivière.

Elle soupira. Des rectangles de champs d'où se détachait la couleur vert tendre des épis en plein mûrissement se découpaient comme de larges balafres taillées dans le sol fertile.

— Il est temps de partir.

La voix douce d'Ala s'éleva dans son dos, et elle se tourna vers la jeune femme avec un sourire triste. Sur le flanc de celle-ci, emmitouflé dans une large écharpe de peau tannée, son nourrisson dormait à poings fermés. Elle s'approcha, lui caressa la joue distraitement avant de reporter son attention sur la ligne roussie qui dévorait avidement les broussailles en contrebas.

— Que font-ils ? questionna San, tout près de ses deux compagnes.

— Ils brûlent les buissons et les fourrés pour pouvoir labourer à leur aise, chasser les animaux sauvages et enrichir la terre. Bientôt, de nouveaux champs et des enclos se dresseront à cet endroit.

— Au bout du compte, murmura Ala, c'est le vieux Ybn qui avait raison. Ils sont pires que les moisissures. Je me demande souvent si le sacrifice de Maman a servi à quelque chose.

Elle se tut soudain, à l'évocation de l'esprit d'Ama.

— Elle m'a sauvé la vie. Elle a sauvé celle de Yuna et de Nian. La vôtre, aussi. Elle nous permet aujourd'hui de chercher un refuge, de nous établir loin de tout cela et peut-être un jour, d'oublier. Je ne laisserai personne dire que son sacrifice a été inutile, trancha Io. Même pas toi.

Elle comprit la dureté de ses mots lorsque la jeune femme baissa la tête, les larmes au bord des yeux. Elle s'approcha pour lui caresser l'épaule doucement.

— Pardonne-moi. Je me montre peu reconnaissante avec toi, alors que toi, San et Ian venez d'adopter Bec.

Ala lui rendit un sourire radieux. Cela avait été une évidence de donner au petit garçon le nom de son père assassiné. Avec la même simplicité, et malgré les angoisses de la jeune mère, ils s'étaient proposés tous trois pour soulager Io du poids de l'enfant qu'elle n'aurait pu supporter seule.

Cette dernière ne saurait jamais comment les remercier pour ce geste d'un désintérêt si total dont elle n'aurait jamais imaginé pouvoir bénéficier, elle, l'étrangère, la sans-famille. Cette configuration lui permettait de conserver un lien avec l'enfant, aussi ténu soit-il. Pour elle, il était désormais leur fils et rien ni personne ne pourrait changer ce fait.

Personne dans le clan n'y avait trouvé à redire, de même qu'aucune voix ne s'était élevée contre l'intégration d'une fille des Longues-maisons, surtout après le récit qu'elle leur avait fait de sa propre vie. Ala, quant à elle, ne pouvait s'empêcher de couver en son cœur un espoir aussi fragile que la flamme d'une lampe à graisse. Cet enfant serait peut-être le lien entre leurs deux peuples qui finiraient par s'unir au lieu de se combattre.

Dans le creux de sa hanche, le bébé gigota, son front lisse se barrant d'une ride de mécontentement. Io lui tendit son doigt qu'il suçota avidement.

— Ne tardons pas trop, indiqua Ala. Sinon, tu devras l'allaiter avant que nous établissions notre campement pour la nuit. Ce ne sera pas confortable. Nous n'atteindrons pas ceux de Serre-fermée avant au moins deux soleils. Et ensuite, une longue marche nous attend encore à travers les montagnes. Il faut profiter du beau temps, après il sera trop tard pour passer les cols.

— Ce n'est pas grave, je m'adapterai, la rassura Io. Je m'adapte toujours. Allez-y, je vous rejoins.

Ala et San hochèrent la tête, avant de se diriger vers le petit sentier qui serpentait vers le haut de la colline. Tout autour, le printemps éclatait en mille couleurs subtiles, du vert soutenu des hautes herbes folles, à l'argenté des feuilles des chênes-lièges. Les lavandes et les bruyères offraient leurs douces touches de violet et de rose au gré de leurs pas, et semblaient fleurir leur parcours vers leur nouvelle vie. Io les observa un moment, le regard empli de gratitude, avant de reporter à nouveau son attention vers le bas du promontoire. Un ciel d'un bleu pur surplombait sa tête, à peine strié de quelques lambeaux de nuages laiteux. Le temps était venu. Elle abandonna le point de vue et partit sans se retourner.

Alors que la silhouette d'Io disparaissait derrière la barre rocheuse, un rapace, volant dans le soleil, lança un cri puissant dans le silence de la nature, pour saluer ce nouveau départ. Le petit faucon ramassa ses ailes contre lui, fusa vers la terre pour fondre sur une proie invisible. Il remonta ensuite, suivit les courants d'air subtils qui faisaient vibrer ses fines rémiges. Dans ses yeux d'ambre liquide, une lueur mystique brillait, vestige de l'esprit de la chamane. Il poussa un sifflement aigu.

Par-delà le temps et l'espace, elle veillerait sur son clan.

FIN

Mot de l'Autrice

Adiù !

Merci d'avoir lu *La Déesse brisée*, j'espère que vous avez apprécié votre lecture !

Lorsque j'ai commencé à m'intéresser à cette période, ce fut dans une optique de déconstruire une vision androcentrée de la Préhistoire de l'humanité pour les besoins d'un épisode du podcast « Partage de soeurcière », dans lequel, avec Sarah de l'association genevoise Trois cercles, nous redonnons aux femmes leur place au fil de l'Histoire.

Au moment des premières études préhistoriques, au XIXe siècle, les chercheurs d'alors (souvent des hommes bourgeois) ont calqué le modèle de leur époque sur leur vision de la société des premiers hommes et femmes.

Les chercheuses actuelles contribuent fortement à remettre la femme à sa place et à nous donner, par leurs découvertes et leurs recherches, une autre vision de cette période. Ainsi, une révision de plusieurs cas (notamment des sépultures attribuées à des hommes qui se révèlent être des femmes) permet d'entrevoir une société beaucoup plus égalitaire que ce l'on pouvait en penser.

Même si aujourd'hui, l'archéologie réfute l'existence de sociétés anciennes purement matriarcales, les femmes anthropologues, comme Françoise Héritier, ont contribué à redonner aux femmes leurs places et leurs pouvoirs.

On en sait aussi de plus en plus sur la vie courante de ces femmes, à travers, par exemple, l'exercice d'un contrôle des naissances via une limitation, chez les sociétés de chasseurs-cueilleurs, de la fécondité féminine. Comme l'observe entre autres Claudine Cohen, de longues périodes d'allaitement – qui ont pour effet d'inhiber l'ovulation ou l'usage de plantes contraceptives ou abortives –, permettent d'espacer les naissances et sont connues depuis l'aube des temps.

Une société matrilinéaire, c'est-à-dire plutôt dirigée par des femmes, mais avec un partage équitable des tâches, fondé sur la compétence, semble le plus logique pour la période paléolithique, même si cela reste encore, en l'état, une spéculation.

Le Néolithique, période très vaste qui s'étend de -12 000 ans (premières manifestations au Moyen-Orient) à -3 000 ans avant J.-C., est le théâtre d'une véritable révolution technique, accompagnée d'une explosion démographique : sédentarisation, domestication, maîtrise de l'agriculture et des nouvelles technologies sont autant de bouleversements qui aboutissent à renverser l'organisation sociale et, avec elles, le statut des femmes.

Les archéologues sont assez catégoriques, au vu par exemple des représentations artistiques qui nous sont parvenues : il y a la sphère de l'homme qui est celle de la chasse, de la guerre, des échanges, du mouvement, et la sphère de la femme qui est celle de l'intérieur, de la domus, de l'intimité. (Jean Guilaine)

Il en est de même pour les sépultures. La représentation des défunts selon une division genrée ne fait aucun doute pour cette période : les hommes sont préférentiellement inhumés avec des outils ou des armes (haches, herminettes, armatures de flèches...) et les femmes avec des éléments de parure (bracelets et colliers). On voit aussi l'émergence de castes, de hiérarchie et des sacrifices d'esclaves qui sont soit enterrés avec leur « maître » dans des sépultures communes, soit jetés sans rites funéraires spécifiques dans d'anciennes fosses de récupération (silo à grains inutilisés par exemple).

Cette séparation genrée de la société amène son lot de violences et notamment envers les femmes. Si certaines ont pu faire partie de groupes plus favorisés, la plupart ont subi des violences systémiques importantes, liées à leur genre, et l'archéologie révèle de nombreux cas de femmes victimes de violence physique. Il s'opère à cette période un vrai choix de société dont nous sommes les héritier·e·s, avant la transition vers les régimes patriarcaux et tyranniques de l'Antiquité. (Christelle Tarraud)

Ces éléments m'ont aidée à forger, petit à petit, l'image d'Ama, femme de pouvoir chez les chasseurs-cueilleurs, société plus égalitaire, et d'Io, première esclave des agriculteurs néolithiques qui commencèrent à essaimer dans le bassin méditerranéen en - 6 000 av. J.-C..

Que s'est-il alors passé ?

Nul n'est en mesure de le dire avec certitude... C'est là que la romancière entre en scène. Remettre les femmes au centre d'une histoire qui nous a longtemps été confisquée, expliquer, à l'aide des mots et de l'imaginaire, ce qui peut avoir été une réalité de cette époque, tel est le but de ce roman.

Ce n'est pas un ouvrage scientifique, il s'appuie sur des lectures et des recherches actualisées, mais une grande part est faite à l'imaginaire.

J'espère au moins vous avoir convaincu·e·s que, même si la naissance des inégalités, multifactorielles par définition, ne peut se satisfaire d'un seul récit et d'une seule époque, il est nécessaire d'élargir son horizon, ses réflexions et ses recherches pour obtenir une vision plus large de notre passé et, peut-être, avancer vers un avenir plus juste pour toustes.

Remerciements

Qu'elles sont nombreuses les femmes incroyables qui m'ont aidée à achever ce roman !

Une équipe de primo lectrices de choc, que je ne remercierai jamais assez : Sienna, bien entendu, fidèle au poste et qui ne m'abandonne jamais, même dans les moments les plus sombres. Une sœur, une sorcière et une amie précieuse, avec un regard aussi aiguisé que les lames en jadéite !

Emilie ensuite, autrice de talent et surtout éditrice de choc. Sans elle, ce texte n'aurait ni la même saveur ni le même élan, alors merci pour cette réécriture intense !

Gaëlle, enfin, correctrice aguerrie, âme sensible et douce, qui a bien voulu me prêter ses yeux sur ce texte pourtant difficile.

Le seul homme de cette équipe enfin, Stéphan, alpha lecteur toujours présent, malgré les projets divers et variés !

Enfin, toute ma famille, mon entourage et mes véritables amies, peu nombreuses, mais si aimantes et qui se reconnaîtront, qui me soutiennent dans cette formidable aventure qu'est celle de l'écriture de romans.

Karen, S., Lucie, Laure, mes sœurs, ce roman est pour vous !

Je compte sur vous pour les prochains et au-delà...

Bibliographie

OUVRAGES DE RÉFÉRENCE

Le sentier de la Guerre - Usages de la violence préhistorique
Jean Guilaine, Jean Zammit

Le mésolithique en France – Archéologie des derniers chasseurs-cueilleurs
Grégor Marchand, Emmanuel Ghesquiére

Les chamanes de la préhistoire
Jean Clotte, David Lewis – William

Les chasseurs-cueilleurs ou l'origine des inégalités
Alain Testart

Femmes de la préhistoire
Claudine Cohen

L'homme préhistorique est aussi une femme
Marylène Pathou- Mathis

Féminicide et violence dans la préhistoire, suivie de l'émergence d'une préhistoire des femmes
Claudine Cohen, Chrtiselle Taraud, in Féminicides, une histoire mondiale.

L'aube des Mythes
Julien d'Huy

Le néolithique
Anne Lehoërff

ARTICLES SCIENTIFIQUES

« Les sépultures chasséennes en contexte d'habitat de plein air du site de Saint-Antoine II à Saint-Aunès (Hérault) »
Benoit Sendra, Juliette Michel (PDF sur academia.edu)

« Le processus de néolithisation dans les Pyrénées orientales. Occupation du milieu, culture matérielle et chronologie »
F. Xavier OMS M. Àngels Petit Juan I. Morales M. Soledad García   (Persé.fr)

« Du Mésolithique au Néolithique en Méditerranée de l'Ouest : aspects culturels. »
Jean Guilaine, Claire Manen (HAL.science.fr)

« Pourquoi mourir ensemble ? À propos des tombes multiples dans le Néolithique français » Bruno Boulestin (pdf. Sur academia.edu)

« Une histoire languedocienne des coquillages marins consommés, du Mésolithique à nos jours » Persée (persee.fr)

« Villages du Néolithique en Méditerranée occidentale. Sédentarisation et habitat groupé » (PDF disponible sur openedition.org)

« Âgée de 7 000 ans, la "Chamane" est l'un des derniers chasseurs-cueilleurs de Suède | National Geographic

« Les esclaves des tombes néolithiques », Luc Baray (PDF disponible sur Academia.edu)

L'Autrice

Autrice de romans historiques se déroulant à la période médiévale, je souhaite offrir aux lecteur·ice·s spirituel·le·s et engagé·e·s qui ont besoin d'évasion, mais qui aiment aussi apprendre, des romans historiques et de fantasy médiévale. Ils vous transporteront au-delà des limites du temps et de l'espace, dans une autre époque, où les sentiments et les émotions sont pourtant proches de ceux que nous connaissons.

Cathares, templiers, nobles, inquisiteurs, chasseurs, guérisseuses et chevaliers se côtoient, se mêlent et se livrent des luttes sans merci pour le pouvoir et pour l'amour, au cœur de l'occident médiéval.

Les aventures d'Amaury de Villiers, une trilogie historique.
Absolution, les aventures d'Amaury de Villiers, tome 1
Le temps des Assassins, les aventures d'Amaury de Villiers, tome 2
L'ire du Bâtard, les aventures d'Amaury de Villiers, tome 3

Les Mirages de Terre Sainte - Explora Éditions
(préquel des aventures d'Amaury de Villiers)

Les chroniques de Thomassin Von Knochen, une saga de fantasy médiévale.
Les Chroniques-de-Thomassin-Von-Knochen-Tome 1 - Pestilence
Les Chroniques de Thomassin Von Knochen - Tome 2 - Maléficience

La Dernière Citadelle - Explora Éditions
(le siège de Montségur comme si vous y étiez)

La geste de Messire Gautier de Périlleux et autres nouvelles